Das Buch

»Ich habe oft davon geträumt, ein Buch über
Paris zu schreiben, das wie ein langer endlo-
ser Spaziergang wäre, auf dem man nichts
von dem findet, was man sucht, aber vieles,
was man nicht gesucht hatte.« In 19 Ab-
schnitten streift Green durch die verschieden-
sten Viertel der Stadt, besucht Museen und
Straßen, erlebt Jahreszeiten und Gesichter.
Greens »Sehenswürdigkeiten« sind unschein-
bare Gebäude, versteckte Hinterhöfe, die der
Fremde ohne seinen Anstoß nicht fände.

Der Autor

Julien Green, französischer Schriftsteller ame-
rikanischer Herkunft, wurde am 6. September
1900 in Paris geboren, er wuchs zweisprachig
auf und wurde protestantisch erzogen. 1916
konvertierte er zum Katholizismus. 1919–22
studierte er in Charlottesville/Virginia Philo-
logie. Seit 1922 wieder in Paris. Mit seinem
dritten Roman, ›Leviathan‹ (1929), erlangte er
Weltruhm. 1940–45 Emigrant in Amerika.
1971 Mitglied der Académie française.

W0236366

Julien Green:
Paris

Deutsch von Helmut Kossodo

Deutscher
Taschenbuch
Verlag

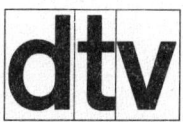

Von Julien Green
sind im Deutschen Taschenbuch Verlag erschienen:
Junge Jahre (10940)
Jugend (11068)

Lizenzausgabe
1. Auflage Januar 1989
Deutscher Taschenbuch Verlag GmbH & Co. KG,
München
Mit freundlicher Genehmigung des Paul List
Verlags, München
© 1983 Editions du Champ Vallon. Seyssel
Titel der französischen Originalausgabe: ›Paris‹
© 1985 der deutschsprachigen Ausgabe: Paul List Verlag
GmbH & Co. KG, München
ISBN 3-471-77643-5
Umschlaggestaltung: Celestino Piatti
Gesamtherstellung: C. H. Beck'sche Buchdruckerei,
Nördlingen
Printed in Germany · ISBN 3-423-10997-1
2 3 4 5 6 · 94 93 92 91 90 89

INHALT

... schneller, ach, als das Herz eines Sterblichen,
verändert sich die Form einer Stadt ...

BAUDELAIRE

Oft träumte ich davon, ein Buch über Paris zu schreiben, das einem langen Spaziergang ohne Ziel gliche, auf dem man nichts von dem findet, was man sucht, dafür aber vieles, das man nicht gesucht hat. Nur auf diese Art wäre ich fähig, ein Thema anzugreifen, das mich ebensosehr entmutigt, wie es mich anzieht. Zu allererst will es mir scheinen, daß ich kein Wort über die großen Denkmäler und Stätten sagen würde, von denen man eine ausführliche Beschreibung erwartet. Vielleicht habe ich die ruhmvollen Bauwerke von Paris zu oft betrachtet, um sie noch mit der notwendigen Freiheit des Geistes zu sehen. Für oder gegen sie voreingenommen, habe ich Partei ergriffen und bin ungerecht geworden. Tausendmal wünschte ich mir den Eiffelturm auf den Grund des Meeres versenkt, hätte gern zur Kenntnis genommen, daß die beiden *Palais,* das große und das kleine, die den Cours la Reine verunzieren, über Nacht verschwunden wären. Meine Vorliebe gilt den alten Steinen, ich verhehle es nicht, aber ich würde vor Langeweile weinen, wenn ich eine Seite über das *Hôtel des Invalides* schreiben müßte, weil ich es zu sehr liebe und wirklich nicht wüßte, was ich darüber sagen soll. Desgleichen bliebe ich stumm vor *Notre Dame,* wahrscheinlich sprachlos aus Scham über das, was ich mich sagen hören würde, und ich bewundere, ohne Neid zu empfinden, den Mut jener, die sich aus Selbstüberschätzung oder Genialität an ein solches Ungeheuer heranwagen; was mich betrifft, so ziehe ich es vor zu schweigen, und *Notre Dame* ist und bleibt für mich *Notre Dame,* Punkt, Schluß.

In meinen Augen bleibt Paris der Schauplatz eines Romans, der nie geschrieben werden wird. Wie oft kehrte ich von langen Streifzügen durch alte Straßen und Gassen zurück, das Herz schwer von all dem Unaussprechlichen, das ich sah! Gebe ich mich einer Illusion hin? Ich glaube es nicht. Häufig geschieht es mir, daß ich plötzlich mitten in einem alten Stadtviertel vor einem großen Fensterrahmen, von innen mit falschen Spitzengardinen verhängt, stehen bleibe und in endlose Träumereien über die sich jenseits dieser dunklen Scheiben abspielenden Schicksale versinke. Mein Blick begegnet einem kleinen Blumenstrauß, der je nach Jahreszeit wechselt oder verschwindet, in einer Vase mitten auf einem mit dunkler Decke belegten Tisch; und das ist alles, aber vielleicht ist es schon genug. Wer lebt, wer stirbt in diesen vier Wänden? Für einen Romanschriftsteller wahrt jede

Existenz, sei sie noch so bescheiden, ihr aufreizendes Geheimnis, und die Summe aller Geheimnisse, die eine Stadt verbirgt, bietet ihm zugleich Anregung und Entmutigung. Welche Riesenverschwendung an Situationen, Worten, dramatischen Vorfällen, Personen und Inszenierungen! Muß eine solche Konkurrenz ihn nicht bedrücken? Eine Nachahmung ist nicht möglich. Nur die Talentlosen und Nichtskönner ahmen nach. Nein, man kann nur, soweit es möglich ist, mit eigenen Mitteln etwas Gleichwertiges schaffen. Und da beginnt dann die seltsame Qual der unbeschriebenen Seite, auf der ich ein Fenster öffnen muß, welches nicht das ist, welches ich eben gesehen habe, dem jedoch eine ebenso gebieterische Wahrheit innewohnt.

Während der langen Kriegsjahre, die ich fern von Paris verbrachte, habe ich mich oft gefragt, wie eine so große Stadt in einem so kleinen Teil des menschlichen Gehirns Platz finden kann. Paris war für mich zu einer Art von innerer Welt geworden, in der ich in den schwierigen Stunden des Morgengrauens herumirrte, wenn die Verzweiflung den erwachenden Schläfer umlauert; aber ich brauchte Zeit, bis ich mich über die Schwelle dieser geheimen Stadt wagte, die ich in mir trug, denn zuerst waren die schweren Wochen zu überwinden, während derer allein der Name Paris dem, der ihn hörte, das Herz brach. So verschloß ich mir die Tore meiner Stadt, versperrte mir alle Zuwege, soweit es mir möglich war. Des Nachts jedoch schlich ich mich, meine eigene Losung mißachtend, wie ein Spion oder ein Dieb durch die Straßen, wanderte unablässig von Haus zu Haus. Plötzlich erschien ich in einem Zimmer, wo Freunde sich versteckten. »Wie? Ihr seid es? Du bist es?« Ein endloses Gespräch begann, setzte sich bis zum Morgen fort. Was wir uns über den Atlantik nicht zu sagen vermochten, sagten wir uns von Herz zu Herz in diesen imaginären Gesprächen. Es gab kein großes Wasser mehr zwischen uns, ich hatte den Raum überwunden, ich war da. Immer mehr wollte ich wissen, und als ich sie verließ, berührte ich mit der Hand die Steine der Häuser und die Stämme der Bäume, und beim Erwachen fand ich mich mit dem seltsamen Gefühl, zugleich beschenkt und beraubt worden zu sein.

Während ich an die Stadt dachte, baute ich sie in mir neu auf, ersetzte ihre physische Gegenwart durch etwas anderes, durch etwas fast Übernatürliches, dem ich keinen Namen geben kann. Ein Plan von Paris an der Wand bannte lange meinen Blick und belehrte mich fast ohne mein Wissen. Ich entdeckte, daß Paris die Form eines menschlichen Gehirns hat.

Das brachte mir das Bild eines entzweigeschnittenen menschlichen Schädels in Erinnerung, das ich als Kind im Schaufenster eines Optikers zu betrachten pflegte und das dem Schaulustigen das ganze Innere unseres Gehirns zeigte. Mit einer Mischung aus Neugier und Schrecken blickte ich wie gebannt auf diese weiße, rosa und rote Masse, die mir in der folgenden Nacht Alpträume verursachte. Vergeblich redete ich mir ein, daß es ja nur ein Gegenstand aus Pappe oder Porzellan war, doch trotzdem entsetzte es mich. Um gerecht zu sein, muß man anerkennen, daß die Phrenologen, mit Rücksicht auf empfindliche Naturen wie die meine, dem Mann mit dem offenen Schädel einen Ausdruck liebenswürdiger und fast amüsierter Gleichgültigkeit verleihen; es macht ihm nichts aus, ein aufgeschnittenes Gehirn zu haben, und er nimmt es sogar gelassen hin, daß man ihm winzig kleine Etiketten auf alle Windungen und Kanäle geklebt hat, denn das war ja der Zweck dieser Entdeckung: Man hatte Angst, aber man wurde ein Gelehrter; man sah zum Beispiel, wo das Gedächtnis liegt, wo die Phantasie, die Sprachen, die Intelligenz. Schrecklich, gewiß, aber man begeisterte sich an der Idee, unter den Haaren dieses Kilo an denkender und zu so vielen Dingen fähiger Gehirnmasse zu tragen. Was mich betraf, so fühlte ich mich zugleich stolz und ein wenig krank. Heute könnte der von den Phrenologen dargestellte Mann nicht mehr den geringsten Schauder in meinem Nacken erwecken, aber ich staune immer noch über alles das, was unser Gehirn zu leisten vermag; man braucht übrigens ja nur eine Zeitung aufzuschlagen und zu sehen, was wir mit der Welt angestellt haben, um in aller Objektivität anzuerkennen, daß wir wirklich hochentwickelte Wesen sind!

Wie dem auch sei, der Plan von Paris half mir mehr als einmal über schwierige Stunden hinweg, und nachdem ich die besagte Ähnlichkeit mit dem menschlichen Gehirn festgestellt hatte, bemühte ich mich, all die einst beobachteten Gehirnbereiche in den Plan dieser Stadt einzusetzen. So gefiel ich mir bei dem Gedanken, im Bereich der Phantasie geboren und in dem der Erinnerung aufgewachsen zu sein; ich zögerte über die Lage des Willens, der Überlegung und des Geschmacks, verlegte sie ständig von einem Stadtviertel ins andere, und manchmal schien es mir natürlich, daß die Stadt sich mit Hilfe des *Marais* an ihre Geschichte erinnerte, ihre intellektuelle Tätigkeit mit Hilfe des V. Arrondissements und ihre arithmetischen

Berechnungen im Börsenviertel ausführte; aber die Seine, die das alles durchfloß, war für mich das Instinktmäßige und Unausgedrückte, das wir in uns tragen, wie eine große Strömung ungewisser Inspirationen, die blindlings ein Meer sucht, in dem sie sich verlieren kann...

Ich vergaß, daß dieses so übertragene Paris mit der Zeit täglich abstrakter zu werden drohte. Gewiß sah ich es, betrachtete ich es unaufhörlich, aber zuweilen hatte ich das unbestimmte Gefühl, daß die Steine meiner Stadt leichter wurden, als ob sie auf geheimnisvolle Art an Substanz verlören und ich sie irgendwie als weniger hart empfand. Wie schwierig sind solche Dinge in Worte zu fassen! Es war ein Paris der Vision, in dem ich jetzt spazierenging, ein Paris von intensiver Wirklichkeit, das jedoch unmerklich vom Fleischlichen zum Geistigen überging.

Von den ersten Stunden meiner Rückkehr nach Frankreich an wurde ich mir gewahr, wie nahe manchmal die Materie dem Unsichtbaren ist, in welchem wir uns bewegen. Einem alten Wunsch folgend, den ich fast schon als Kind gehegt hatte, begab ich mich auf den Gipfel von Paris, um die Stadt soweit wie möglich in ihrer Gesamtheit zu überblicken. Wie oft hatte ich mir in Amerika vorgeworfen, nie auf den Dom von *Sacré-Coeur* gestiegen zu sein. Zu ihm verlockte mich die Neugier des verschämten Provinzlers, aber auch eine Wallung alter Zärtlichkeit. Ich wagte also den mörderischen Aufstieg, kam im Himmel an, schloß die Augen in einem Anflug von Übelkeit, zwang mich schließlich, sie wieder zu öffnen, schaute. Es schien mir, als schlüge mir die ganze Stadt entgegen. So wurde sie mir wiedergegeben. Der Winter ging zu Ende; das blendende Märzlicht verschlang bereits alles, und, soweit das Auge reichte, war Paris da, wie in einen Mantel gehüllt, der ihm jedesmal, wenn der Wind die großen Wolken von einem Ende des Himmels zum anderen jagte, von den Schultern flatterte.

Diese riesige Steinmasse hatte ich zu oft gesehen, um Überraschung zu empfinden. Und doch, wie wohl hütete sie ihr Geheimnis, und mit welcher dunklen Gewalt behauptete sie ihr Dasein! Schwarz, von kleinen Sonnenflecken übersät, die an die glitzernden Schaumkämme eines bewegten Meers gemahnten, war die Stadt nicht schön, sondern unermeßlich, übertraf alle Bemühungen der Phantasie, sich die zu unseren Füßen versammelten Königreiche der Welt vorzustellen, und in ihrer Maßlosigkeit lag ein Exzeß, der eine Unruhe hervorrief und den ungeschriebenen, jedoch furchtbaren Gesetzen zu trotzen schien.

Ganz offenbar war Paris die Stadt, die den Zorn auf sich zieht, die ständig in Gefahr schwebt, weil sie vor den Versuchungen aller nur möglichen Macht und Größen nie der entscheidenden Weigerung fähig war, die sie vor ihrem Schicksal geschützt hätte. Ihre Kuppeln und Türme vermitteln den unbestimmbaren Eindruck, daß sie jemandem die Stirn bietet, und selbst in der Art, wie sie auf dieser stürmischen Ebene verteilt sind, liegt Hartnäckigkeit, Stolz und Auflehnung. Ja, die Stadt lächelt nur denen, die sich ihr mit Bedacht nähern und durch ihre Straßen wandeln; zu ihnen spricht sie sanft und vertraut, aber die Seele von Paris zeigt sich erst aus der Ferne und Höhe, und im Schweigen des Himmels ertönt der große und pathetische Schrei des Stolzes und des Glaubens, der in die Wolken hinaufsteigt.

Auf dem Schoße des Modells zu sitzen, das man zu malen beabsichtigt, ist mir nie als die günstigste Stellung erschienen. Erst wenn man Distanz gewinnt, kann es gelingen. So fällt es mir schwer, eine Zeile über Paris zu schreiben, wenn ich dort bin. Ich muß aufstehen und fortgehen. Von hier, von Kopenhagen aus, sehe ich es sehr gut. Die Möwen gleiten vor meinem Fenster vorbei, mit ihrem seltsamen kleinen Schrei, der wie der eines kranken Kindes klingt, und um die mandelgrünen Kirchtürme flattern Nebelfetzen.

Wie sah Passy aus? Wenn ich es mir wohl überlege, weiß ich es nicht mehr sehr gut. Ich besuche es manchmal, aber zu viele Erinnerungen stellen sich ein und verändern es vor meinem Blick. Nur wenig verbindet mich mit dem alten Stadtviertel, in welchem ich jetzt in Paris lebe, dem siebenten Bezirk, und wenn ich in Passy spazierengehe, ist es mir, als wanderte ich in meinem eigenen Inneren, und immer wieder stoße ich auf meine Kindheit.

Die Grenze lag unten am Ende der Rue Raynouard. Von dort ging es in zwei Richtungen so steil bergab, daß man leicht hoffen konnte, die

Droschkenpferde durchgehen zu sehen, was auch manchmal geschah, wenn sie im Galopp die besagte Straße hinunterrasten oder auf den schwindelerregenden Hängen der Rue de Boulainvilliers scheuten. Gegenüber dem kleinen Haus, in dem wir wohnten, erhoben sich bedrohlich aussehende Gasometer, wie riesige schwarze Trommeln in den Himmel ragend. Weiter, auf der anderen Seite des Platzes, sah man Auteuil und die Platanen der Rue La Fontaine, aber wir gingen nicht oft in diese Richtung; wir waren Bewohner von Passy. Ein wenig schnaufend erklommen wir die Höhen. Ich ging voran, einen Butterkeks in der Faust. Zu meiner Rechten standen die alten Privathäuser, Schulter an Schulter gereiht, wie um nicht abzurutschen, und wir blickten, die Wangen zwischen die Gitterstäbe geklemmt, in die wunderbaren Gärten, deren fernes Blau sich wie in einem Gemälde mit den Ufern der Seine verschmolz. Das schien mir mindestens ebenso schön wie eine Kulisse des *Châtelet,* aber mein Entzücken erreichte seinen Höhepunkt, wenn man uns erlaubte, die zur Rue Berton führenden Stufen hinabzusteigen. Dann gab ich mich der Illusion hin, auf dem Lande zu sein. Wie jeder gebürtige Pariser langweile ich mich auf Wiesen und Feldern, was mich jedoch nicht daran hindert, an gewissen

Tagen den heftigen Wunsch zu verspüren, im Gras zu liegen, frische Landluft zu atmen, um mich eine Viertelstunde später wieder nach meinen Straßen und Läden zurückzusehnen. Jedenfalls war die Rue Berton zu jener Zeit noch eine lange Dorfstraße, die sich zwischen von Baumkronen überragten Mauern dahinzog. Man konnte sich leicht vorstellen, eine Stunde von Paris entfernt zu sein. Es herrschte dort eine tiefe Stille, und unsere Schritte auf den großen runden Pflastersteinen machten nicht das gleiche Geräusch wie das, welches man in den Städten hört. Eine Laterne schwankte dort im Wind, ich schwöre es, und es gab einen Grenzstein, der die Herrschaftsgebiete von Passy und Auteuil voneinander trennte. Ich berauschte mich an dem Gedanken, in der *Seigneurie* von Passy zu wohnen. Der Zauber der Vergangenheit wirkte so stark auf mich, daß ein einfaches Wort genügte, um mich in eine köstliche Traurigkeit zu versetzen. Hinter dem Hause Balzacs und dem Park des *Hôtel de Lamballe* bog die Straße in einem rechten Winkel ab und ging bis zur Seine weiter, während sie heute plötzlich vor dem Nichts endet, und das kleine Stück, das von ihr geblieben ist, erinnert nur noch schwach an das hübsche Gäßchen des XVIII. Jahrhunderts. Was aus dieser Ecke Passys geworden ist, erscheint mir so häßlich, trübselig und banal, daß es in mir weniger Empörung hervorzurufen scheint als Langeweile und jene ruhige Verzweiflung, von der Emerson spricht. An einem etwas dunklen Wintertag, wenn der kalte Wind unter tiefen Wolken pfeift, sehe ich keine bessere Kulisse für einen Selbstmord oder eine Hinrichtung. Es ist verblüffend, wie ein Vierteljahrhundert diesen Teil der Stadt so völlig seines Charmes berauben konnte. Ich weiß, daß es zwecklos und lächerlich ist, verschwundene Steine zu bejammern, aber mein Blick ist ohne Nachsicht, wenn ich mich den wie eine Festung umrissenen Mietskasernen zuwende, die jetzt jene Höhen einnehmen, auf denen ich mich erinnere, Reihen von altmodisch eleganten Villen gesehen zu haben, und Gärten, die ihre Stille und den Gesang ihrer Vögel wie Schätze hüteten.

Das andere Passy, das Passy der Reichen, war mir bereits ein Schrecknis in meiner Kindheit. Es gab eine Form des Reichtums, die mich fast zum Weinen brachte, weil sie so abweisend und arrogant war, mit ihren dünkelhaften Balkonen, ihren Eingangstoren, die stets Nein zu sagen schienen, ihren luxuriösen Portierlogen. Aber dieses Passy war nicht das wahre Passy. Ich machte einen Unterschied zwischen dem »Sechzehnten Arrondissement« und dem Herrschaftsbezirk von Passy,

dem alten Dorf Passy auf dem Südhang der ehemaligen Grand-rue, die sich (oh Schrecken!) Rue
Marat nannte, bevor sie die Rue de Passy wurde.
Von dieser kleinen Welt, der ich so vieles verdanke,
findet man heute, 1980, nur noch ein paar klägliche
Überreste. Schon Théophile Gautier hatte behaup-
tet, das Paris seiner Jugend sei nicht wiederzuer-
kennen gewesen, und wenn ich aus den Höhen von
Passy zum Seineufer hinuntergehe, frage ich mich
manchmal, wo ich bin, und ob ich nicht geträumt
habe. Nur die Tiefen der Avenue Henri Martin, die
noch unversehrt geblieben sind, trösten mich noch
darüber hinweg, besonders im Frühsommer,
wenn die undurchsichtige Kuppel der Kastanienbäume den letzten Rest der Frische schützend
überdacht und ich in diesem von Lichtstrahlen
durchdrungenen grünen Tunnel einem die Zeit
vergessenden Reiter begegne, der im Galopp ins
Gestern flieht.

In der flammenden Sommerhitze lohnt es sich, die etwas aus den Fugen geratene Tür zu den Schätzen der Frische zu öffnen. Ich trete ein und verhalte mich reglos. Hier ist die laute Stimme von Paris nur noch ein Flüstern, das sich in der großen Stille dieser kleinen Kirche verliert. Die stämmigen Pfeiler schimmern rosa im Nachmittagssonnenlicht, das durch die weißen, mit blauen Karos eingelegten Scheiben der schmalen Fenster dringt. Sie stützen das romanische Gewölbe, unter dem der Gedanke wie ein Vogel unter dem Geäst eines Waldes fliegt; sie sind so stark und so ruhig, daß man meinen könnte, sie erwarteten das Jüngste Gericht in einer Andacht, die sie allem Weltlichen enthebt, und wie in einem Traum von Ruhm und Größe versunkene Könige achten sie nicht der traurigen modernen Unruhe, an der ich meinen Teil habe, und schenken mir gnädig, ohne es zu wissen, ein wenig von jenem Frieden, den sie in ihrem Inneren bewahren. Sie tragen Laubkronen auf ihren Häuptern bis vor den Altar, wie Körbe mit Opfergaben, in einer Prozession, die sich über acht Jahrhunderte erstreckt; hier eine geflügelte Sirene, dort ein christlicher Ritter, Symbole der tiefen Gedanken, denen sie unter dem gerundeten Himmel der Gewölbe nachgehen.

Vielleicht kniete Dante an diesem Ort, inmitten dieser grün gewordenen Mauern, wo ein Ozean seine Algen hingeschwemmt zu haben scheint; hier hat der Seher das Unsichtbare begrüßt und sich später jener kleinen Pariser Straße erinnert, wo er auf seiner meditativen Reise in die Abgründe der inneren Welt einen Augenblick der Ruhe fand.

Heute fällt es schwer, sich die prunkvolle Vergangenheit der Kirche von *Saint-Julien-le-Pauvre* vorzustellen, die auf unsere traurigen Zeiten gewartet zu haben scheint, um sich voll und ganz ihren Beinamen zu verdienen. Nur mit Mühe können wir mutmaßen, wie bedeutend sie gewesen sein mag, als ihr eine Priorei angegliedert war und als fünfzig Mönche unter ihren Gewölben sangen, und es erscheint kaum glaublich, daß eine der schönsten Zeremonien des Mittelalters an diesem Ort stattfand, den unsere geistige Armut so bescheiden gemacht hat. Und doch war es hier, wo der *rector magnificus* der Sorbonne seinem Nachfolger den Hermelinmantel und den samtenen Sack mit dem Siegel der Universität überreichte. Hier versammelte sich jedes Jahr am elften Juni das Kollegium der Universität in vollem Staat, um sich dann zum Einkauf des für das Jahr benötigten

Pergaments auf den Messejahrmarkt zu begeben. Vom Morgengrauen an erwachten die Rue Galande, die Rue de Fouarre, die Rue Saint-Séverin und die Rue Saint-Jacques bei den Klängen der Trommeln und Trompeten der Schüler, von denen viele Lanzen, Schwerter und Speere trugen, ohne anderen Grund als den ihrer Jugend und ihrer natürlichen Freude an Lärm und Tumult. Was ist uns in diesem Stadtviertel von all dem vollen, kräftigen und fröhlichen Leben geblieben, diesem Leben einer uns in allem überlegenen Epoche, außer seinen Namen?

So erinnere ich mich, wenn ich an die Rue du Fouarre denke, an den Befehl des Papstes Urban V. an die Studenten, sich nicht auf Bänke, sondern zu Füßen ihrer Lehrer zu setzen. Aber der Boden ist ein harter Sitzplatz, und die Knaben liefen zu den Strohhändlern, die ihre Ware im Schatten von Saint-Julien feilboten.

Nichts hindert uns zu vermuten, daß auch Dante es den anderen nachtat und sich dort sein Strohbündel holte, um dem Unterricht seines lieben Meisters Brunetto Latini zu lauschen, den er später in die Hölle beförderte, wofür er allerdings eine Art von Ausgleich schuf, indem er den Namen der kleinen Rue du Fouarre in eine Terzine des Paradieses einfügte.

Das XVIII. Jahrhundert schüttelte seine unwissende Perücke vor der altehrwürdigen Kirche und fand sie barbarisch. Wahrscheinlich hielt man sie für zu unscheinbar, um sie ganz zu modernisieren; wahrscheinlich kam noch hinzu, daß Saint-Julien, an der äußersten Grenze der Romanik, obwohl bereits unter den ersten Einflüssen des modernen Stils, in den Augen der Zeitgenossen Mansards nicht jenen gotischen Charakter besaß, der ihnen die Galle erhitzte und den sie im Chor von Saint-Séverin, dem unglücklicheren Nachbarn von Saint-Julien-le-Pauvre, auszumerzen versuchten. Allerdings war es dann doch kein anderer als der Prior von Saint-Julien, der das Schiff verkürzte und das Portal durch eine Fassade ersetzte, die dieser geschorene Esel für dorisch hielt. Heute trennt als letzte Verschandelung ein von den Popen des Ostens errichteter Reliquienschrein die Überreste einer der schönsten und ältesten Kirchen von Paris in zwei Teile.

Doch selbst so wie sie ist, hat die Kirche ihre robuste Anmut und ihre geheimnisvolle Jugend bewahrt. Man stellt sie sich von Wiesen und Feldern umgeben vor, denn sie hat den Reiz einer ländlichen Kirche. Ihr solides und naives Aussehen ist weit vom fieberhaften Schwung ihrer Nachbarin Saint-Séverin entfernt, die sich zu zieren, zu wenden und zu drehen scheint und mit den Fetzen riesiger Schatten schmückt. Saint-Julien begrüßt den Tag und hält das Licht bis zur Abenddämmerung in ihren Mauern zurück; sie ist kantig, fest und ruhig wie ein Glaubenssatz des heiligen Thomas. Weder Zweifel noch verdrießliche Visionen werden je ihre nachdenkliche und heitere Einsamkeit trüben. Sie ist wie ein Mönch mit einfältigem Herzen, der in seiner weißen Kutte am Ufer des gallischen Stroms sitzt.

Einst, wenn man die kleine Seitenpforte im Inneren der Kirche öffnete und hinaustrat, befand man sich auf einem anmutigen Gelände, wo man mit dem Fuß im hohen Grase auf einige der ältesten Steine von Paris stieß. Ganz nahe dem Grabe Saint-Juliens ragte plötzlich aus dem Rasen ein letzter Überrest des sogenannten Philippe Auguste Walls empor, wie ein Fels im Meer, und ein gekrümmter Baum starb langsam unter dem Gewicht der Jahrhunderte, brachte jedoch noch Blätter hervor, die sich flimmernd und zitternd gegen den Himmel abhoben. Wer erinnert sich noch an diesen Ort, an dem es sich so gut träumen ließ? In der Ferne ragten die Türme von *Notre Dame,* die bei Gewitter weiß wirken, schwarz in den Julihimmel hinein, und von Zeit zu Zeit ließ ein Schleppdampfer auf der Seine einen langen Klageruf ertönen, dessen nebelheiserer Klang im Blau verhallte. Aber der Lärm von Paris schien an den Grenzen dieser kleinen einsamen Stätte, wo ich gern innere Einkehr hielt, zu verstummen. Die mich umgebende Stille war wie ein Zufluchtsort, in dem die Vergangenheit ein Obdach gesucht hatte; es schien mir, als ob ein ganzes romanisches Frankreich diesem inneren Frieden innewohnte, der sich in den alten Steinen von Saint-Julien sinnvoll verkörperte. Das übte, als ich etwa sechzehn Jahre alt war, eine unwiderstehliche Anziehungskraft auf mich aus. Ich hatte die kleine Kirche zufällig auf einem Spaziergang entdeckt und bin seitdem oft dorthin zurückgekehrt.

Wir tun manchmal Dinge, deren Sinn uns erst viel später klar wird, obgleich der wachsamste Teil unseres Ich sie diktiert zu haben scheint. Im Frühjahr 1940, das so tragisch für das zivilisierte Europa endete, begab ich mich, einer plötzlichen Eingebung folgend, an die Orte in Paris, die mir am vertrautesten in Erinnerung geblieben waren, und einige Kirchen, von denen ich nicht dachte, so bald Abschied nehmen zu müssen, hielten mich lange zurück. Saint-Julien war diejenige, von der mir die Trennung am schwersten fiel, und nachdem ich mich endlich losgerissen und die Schwelle überquert hatte, kehrte ich kurz darauf noch einmal zurück, von einer zu vagen Unruhe ergriffen, als daß ich sie in Worte fassen könnte, und ich warf einen letzten schweifenden Blick auf die im wehmutsvollen Licht der untergehenden Sonne schimmernden Pfeiler.

Die ersten Apriltage sind etwa die Zeit des Jahres, da die Kastanienbäume am Trocadéro zu grünen beginnen. Einer unter den vielen breitet seine Äste über einem Bodengitter der Untergrundbahn aus und gedeiht in aller Unschuld inmitten der warmen und verpesteten Ausdünstungen. Seine knospenden Blätter öffnen sich und spreizen sich dann wie kleine begierige Hände. Bald wird er seine Kerzenblüten tragen, und wenn ich mich recht erinnere, werden sie rot sein. Er ist noch jung; ein kleiner frühreifer und kesser Pariser, der den Geruch seiner Stadt liebt und als erster mit all seinem Laub und seinen Lampionen an die Schwelle des Frühlings tritt. Zur Zeit, als wir, er und ich, in der gleichen Stadt wohnten, nannte ich ihn den Kastanienbaum der Metro, und ich widmete ihm jene besondere Freundschaft, die man nur Bäumen entgegenbringt.

Seit das Trocadéro auf unerklärliche Weise davongeflogen ist und uns nur seine Flügel ließ, hat sich der Platz sehr verändert. Vor Jahren noch öffnete er uns den Blick in die Richtung des Friedhofes, der inzwischen seine anmutige, zu der Rue des Réservoirs aufsteigende Treppe einbüßte;

und wenn man höher blickte, sah man eine Reihe schwarzer Zypressen, die auf herkömmliche Art an das Jenseits gemahnten und die Lebenden von den Schatten Marie Bashkirtseffs und Edouard Manets trennten. Weiter unten betrachtete der brave Franklin mit zufriedener Miene die vorüberfahrenden Autobusse, nachdem er seine bronzenen Foliobände stapelweis unter seinen Sessel geworfen hatte. All das wirkte irgendwie so zusammenhanglos, daß man schließlich Gefallen daran fand.

Die Rue Franklin ist eine hinkende Straße, die zur Rue de Passy hinunterhumpelt. Auf der Höhe des Friedhofs haben die Häuser Ausblick auf einen Flügel des Trocadéros, und man könnte meinen, sie stellten sich auf die Zehenspitzen, um zu entdecken, was sich im leeren Raum zwischen dem *Pantheon* und den *Invalides* abspielt. Weiter unten schaut sie einen Augenblick in die Kellertiefen der Gärten und Alleen, die sich selbst am hellichten Mittag in dunkle Schatten hüllen, und dann wirft sie am Ende der Rue Le Tasse einen kurzen Blick auf den Eiffelturm, um zu sehen, ob er immer noch da ist, und plötzlich geht es schneller bergab, an Tabakläden und Trödlerauslagen vorbei, bis zum Carrefour Delessert, das am Beginn der Rue de Passy von einer neurasthenischen Gaslaterne überwacht wird.

Rue de Passy, ich kenne deine Läden auswendig, deine Strumpfhändler unter den Hauseinfahrten, deine Ladenschilder, von denen die Vergoldung abbröckelt, die auf Marmor gemalten Bilder deiner Milchgeschäfte, die Himmel deiner Konditoreien Coquelin, Petit und Bourbonneux, den Austernverkäufer mit seinem kleinen Messer inmitten seiner Körbe, den Schuhhändler, bei dem mein Dienstmädchen Lina ihre Pantoffeln mit den blauen Pompons kaufte, das Papiergeschäft, wo sich die Fliegen auf den Deckeln der Schulbücher in der Sonne wärmen, den strengen Laden des Weinhändlers Nicolas, die Apotheke von Monsieur Beaudichon, der einen so schönen Bart trug, die großen Goldbuchstaben, die von der schwindelnden Höhe eines Balkons aus jedermann die Anwesenheit eines Zahnchirurgen verkünden, den ebenfalls vergoldeten Pferdekopf über dem Eingang der Manege, den Uhrmacherladen, wo der Meister, über seine Werkbank gebückt, eine kleine Uhr repariert, den himmlischen Duft der ersten Fliederzweige, die die Blumenverkäuferin mit den roten Fingern unter dem Eingangstor der Nummer 93 feilbietet, die aufgeschlitzten Hammel, keusch in weiße Schürzen gehüllt, unter Lorbeergirlanden in der Schlächterei, die sehr feierlich mit wallenden zinnoberrot gestreiften Gardinen verhangen ist, die charmanten Ladenhüter des Parfümeurs, die dicken Glasgefäße des Kräuterhändlers, die Bäckerjungen, die aus den Kellerfenstern der Backstuben verstohlene Blicke auf die Waden der Hausfrauen werfen, die Balgereien der Hunde, die Zusammenstöße der Einkaufskörbe, deren Ränder wie die Rümpfe feindlicher Galeeren aneinanderprallen, die Schreie, das Gelächter, das Geratter der Autobusse, die in die Menge stieben, ohne auch nur die Spitze einer einzigen Zehe zu überfahren, und den schönen flüssigen Zopf, den das Rinnsal in der Gosse flicht . . .

Wenn mich in den frühen Morgenstunden der Schlaf verläßt, wandere ich manchmal im Geiste durch diese unmögliche Straße, kehre in die Vergangenheit zurück, und sollte es mir einfallen, wie einst ein paar Bücher zu meinem Buchbinder zu bringen, der nicht weit von der Rue Raynouard wohnt, so zögere ich zwischen der Rue de l'Annonciation und der Rue Jean-Bologne, und fast immer wähle ich letztere wegen ihrer Kohlenhalde, deren unmenschliche Schönheit den erschreckenden Reiz einer Mondlandschaft besitzt. Ich will die schwarzen, mit Silbertupfen übersäten Pyramiden sehen, die aufgeschichteten Holzscheite von babylonischer Architektur; dort genieße ich es, den zeitlosen Duft des Holzes, des

Anthrazits und des Kokses zu atmen, und wenn ich dann diesen Ort meiner schlafwandlerischen Träume verlasse, bin ich wieder in der kleinen Straße, an deren Ende eine Dorfkirche steht.

Folgen wir dieser Straße, und wir werden den Schatten unserer ersten Jahre begegnen. Lauf, Schuljunge mit deinem Ranzen, der bei jedem Schritt zwischen deinen Schultern wippt, schreie, schreie für nichts und wieder nichts, nur weil du dich freust, auf Erden zu sein, wirf einen Blick in die Auslage des Antiquitätenhändlers, wo die graue Katze zwischen Türkensäbeln, Sonnenschirmen und Fächern schläft, lauf vor den Laden der Stickerin, die weiße Monogramme auf die schneeweißen Laken stickt und sich dabei die Augen verdirbt, lauf zum bärtigen Pedikür, der von seinem Fenster aus die Straße beobachtet, lauf zum Bronzelöwen, der das Eingangstor der Villa Fodor bewacht. Aber du läufst so schnell, daß ich dich nicht mehr sehe. Hast du dich in die Kirche geflüchtet, wo die Kerzen vor der Grotte von Lourdes flackern? Rennst du die Rue Raynouard hinunter, wo einst die Droschkenpferde scheuten? Ich werde dir nicht nachlaufen, du kleines Gespenst des Jahres 1908. Zu vieles hat sich in unserer Stadt zum Bösen geändert, als daß ich dir noch so fröhlich zulächeln könnte, wie ich es wollte.

Paris ist eine Stadt, von der man im Plural sprechen könnte, wie die Griechen es mit Athenai taten, denn es gibt viele Parise, und das der Touristen steht nur in einer oberflächlichen Beziehung zum Paris der Pariser. Ein Fremder, der Paris im Wagen oder Autobus durchquert und von einem Museum ins andere läuft, ahnt nichts von dieser Welt, die er nicht sieht, obgleich er in ihr ist. Niemand kann behaupten, eine Stadt gut zu kennen, wenn er nicht seine Zeit darin verloren hat. Die Seele einer großen Stadt läßt sich nicht leicht begreifen, und um sich mit ihr wirklich vertraut zu machen, muß man sich in ihr gelangweilt und ein wenig gelitten haben. Natürlich kann sich jeder einen Stadtführer kaufen und feststellen, daß alle darin aufgezeichneten Bauwerke anwesend sind, aber innerhalb der Grenzen von Paris verbirgt sich eine andere Stadt, die ebenso schwer erreichbar ist, wie es einst Timbuktu war.

Diese Stadt, die ich die geheime Stadt nenne, weil sie dem Fremden unzugänglich ist, und die ich fast versucht wäre, die heilige Stadt zu nennen, weil ihre Leiden uns heiligen, diese Stadt kennen die Pariser so gut und finden sie so natürlich, daß es ihnen nicht einmal einfällt, darüber zu sprechen, außer den Romanschriftstellern und den Poeten, deren Rolle es ja gerade ist, sie mit neuen Augen wie zum ersten Mal zu betrachten, während wir sie sehen, ohne achtzugeben. Aber auch den Schriftstellern gelingt es nicht immer, uns klar zu vermitteln, was sie entdeckt haben. Sie können zum Beispiel ein kleines Café in der Gegend der Rue de Buci in allen Einzelheiten beschreiben, aber man muß schon die besondere Empfindsamkeit eines Baudelaire oder eines Proust besitzen, um das wiederzugeben, was man heute die Atmosphäre nennt, um den Reiz jener besonderen Häßlichkeit zu veranschaulichen, jene undefinierbare gute Kameradschaft der Gegenstände, die einen Ort charakterisiert, welcher nur dem Achtlosen banal erscheint: die mit einer schrecklichen roten Schleife verzierte Topfpflanze, die Sitzbank mit dem verschlissenen Lederbezug, aus dessen Rissen schwarzes Roßhaar spießt, der runde Tisch mit der dicken Marmorplatte, die Wachstuchunterlage und der Federhalter, der zum Schreiben so vieler Liebeserklärungen und schöner Abschiedsbriefe gedient hat, und daneben die blaßblaue Siphonflasche, rituelle Requisiten des Cafélebens, wie man sie auf einem Bild von Picasso oder Derain sehen könnte. Und das ist in einem gewissen Sinne Paris. Alles in dieser Stadt besitzt jene unbestimmbare Eigenschaft, von der man ohne zu zögern sagen kann: »Das ist Paris«, selbst wenn es nur eine an einer Türklinke hängende Milchkanne ist, oder einer jener großen Reisigbesen, mit denen man im Oktober, rauschend wie das Meer, das tote Laub von den Gehsteigen kehrt, oder eine Reihe abgegriffener Bände in der Bücherkiste eines Antiquars auf den Quais zwischen dem Pont-Neuf und dem Pont-Royal. Warum es so ist, weiß ich nicht, aber Paris drückt allem, was ihm gehört, seinen Stempel auf. Die Touristen sind zu zerstreut oder haben zu wenig Zeit, um es zu bemerken, aber das Herz eines wahren Parisers wird stets höher schlagen, wenn er sich fern seiner Stadt an einige Blumentöpfe auf einem Fenstersims erinnert oder an einen volkstümlichen Refrain, den der Fleischerjunge auf seinem Fahrrad vor sich hinpfeift. Zeigt man ihm die Fotografie einer Bäckerei, auf der man ein Kind sieht, das sein Hörnchen ißt, oder die Fotografie eines Tischs oder eines Stuhls auf dem Trottoir und den Kellner daneben, mit seiner weißen Schürze und seiner Serviette unter dem Arm, so wird er sich sagen: »Das ist weder Toulouse, noch Lyon, noch Marseille, obgleich ein oberflächlicher Betrachter sich täuschen lassen könnte. Das ist Paris. Gut oder schlecht, alles, was aus den Händen von Paris kommt, ist Paris, sei es ein Brief, ein Stück Brot, ein Paar Schuhe oder ein Gedicht. Was wir der Welt schenken, haben wir niemandem entliehen; es ist von uns; man kann es uns nehmen, man kann es uns stehlen, aber nachahmen? Nie und nimmer.«

Ich bin immer stolz auf Paris gewesen, weil Paris meine Geburtsstadt ist. Jeder Spaziergang, den ich je durch seine Straßen machte, schien ein neues, unsichtbares, jedoch so starkes Band zu knüpfen, daß es mich an seine Steine fesselte.

Als ich ein Kind war, fragte ich mich oft, wie es möglich sei, daß der einfache Name Paris so viele verschiedene Dinge bezeichnete. So viele Straßen und Plätze, so viele Gärten, Häuser, Dächer, Kamine, und über dem allen den wechselhaften und leichten Himmel, der unsere Stadt krönt; und je mehr ich daran dachte, desto erstaunlicher erschien es mir, daß eine so große Stadt in einem so kurzen Namen Platz fand. Immer wieder sprach ich diese beiden Silben aus, die ich schließlich als sehr geheimnisvoll empfand, denn ich fragte mich: Warum nennt man es so und nicht anders? Ich bildete mir ein, ich würde etwas entdecken, wenn ich mir diesen Namen oft genug wiederholte, aber zum Schluß entdeckte ich nur, daß Paris Paris heißt.

Noch heute wälze ich manchmal Gedanken in meinem Kopf, die sich nicht sehr von jenen unterscheiden, aber während ich damals nur einen Blick aus dem Fenster zu werfen brauchte, um ein Stück meiner Geburtsstadt zu sehen, deren lange alte Straßen ich bereits liebte, war mir dieses Glück für einige Zeit genommen, und wenn ich Paris wiedersehen will, finde ich es in mir selbst. Jeder von uns trägt das Paris seiner Kindheit, seiner Jugend und seiner Träume in sich, mit einer geheimen Vorliebe für das Paris, das er in seinem Gedächtnis verankert hat und das ihm schöner erscheint als das eines anderen. Der eine Pariser hat sich die schönsten Kirchen genommen, und sein Herz ist groß genug, um ihnen allen Platz zu bieten, und dazu noch den aneinandergereihten Privathäusern der Rue de Lille, der Rue de Grenelle und der Rue de Varenne; ein anderer zieht die Quais vor, die hinter den Einfahrtstoren der alten Häuser schlummernden Gärten, oder die Antiquitätenläden zwischen der Seine und dem Luxembourg; ein anderer wieder denkt mit Wehmut an die kleine altmodische Wohnung zurück, von der er die Türme von Saint-Sulpice und die Kuppel des Val de Grâce sah, und diese Welt genügte ihm...

An einem Frühlingstag, als Besorgungen mich in die Umgebung des Louvre geführt hatten, wurde ich vom Lärm der Straßen bis zum Eingang des Palais Royal getrieben, welches auf die Rue de Beaujolais hinausmündet. Dieser Ort ist von etwas Geheimnisvollem umwittert, das sich eher erraten als definieren läßt. Als ich durch das dunkle Gewölbe schritt, zwischen den Säulen hindurch, deren Symmetrie mir durch ein seltsames optisches Phänomen nicht offenbar wurde, hatte ich den Eindruck, in einen verzauberten Wald einzudringen und das alltägliche Leben und Treiben hinter mir zu lassen, denn es gehört zu den Vorzügen von Paris, eine seiner seltensten Gnaden, die nur dem zuteil wird, der in ihm seine *Zeit zu verlieren* weiß, daß es sich ganz plötzlich unter den unerwartetsten Aspekten zeigt, zugleich freudige Überraschung und eine leichte Unruhe hervorruft, die beim geringsten Anlaß in Angst ausarten könnte. Wo bin ich? Werde ich wirklich, wenn ich zurückkehre, meine vertraute Welt wiederfinden? Das sind Fragen, die sich der Flaneur stellt, wenn er, wie ich, zu gewissen Formen der Träumerei neigt, und während einiger Sekunden ergriff mich

45

jene Verwirrtheit, die man empfindet, wenn man glaubt, sich verlaufen zu haben. War es das Licht eines stürmischen Nachmittags, die ganz unvermutete Einsamkeit dieses Ortes, oder die Stille nach dem großen Tumult der Straßen und Plätze? Es schien mir, als stünde ich an der Schwelle eines neuen Landes, dessen Name in keinem Buch zu lesen ist, und wo alles das, was wir zur Welt der Materie gehörig glauben, durch einen unerklärlichen Vorgang wie zu einem fühlbaren Aspekt der inneren Welt wird; oder eher noch hatte ich das Gefühl, ganz plötzlich hinter die Kulissen der Wirklichkeit getreten zu sein und ein Geheimnis entdeckt zu haben, aber was nützt ein Geheimnis, dessen Sinn man nicht zu erkennen vermag? Denn ich hätte wahrlich nicht sagen können, warum mir alles so anders schien. Gab es in ganz Paris einen Ort, den ich besser kannte als diesen Platz mit seinem Gittertor und seinen dunklen Läden, die wie Läden für Gespenster aussahen? Meine Hand berührte eine der weißen Säulen, und ich trat einige Schritte vor. Ich bewegte mich weniger im Raum als in der Erinnerung, und weniger in der Erinnerung meines eigenen Lebens als in der verstreuten Erinnerung einer ganzen Menschenrasse.

Wie von einer Sinnestäuschung befangen, drückte ich mein Gesicht zwischen die Gitterstäbe, deren goldbemalte Spitzen sich glänzend vom dräuenden Himmel abhoben, und auf diesen dunklen Himmel, dessen Grau fast lila wurde, richteten sich meine Blicke. Ich sah ihn durch die noch feuchten kleinen Blätter schimmern, die in den ersten Windstößen des nahenden Gewitters erzitterten. Die Vögel verstummten nach und nach, und die Dienstmädchen führten die mit ihren Sandschaufeln fuchtelnden Kinder fort. Bald war ich allein, blickte als einziger in die tintenschwarzen Wolken, die im feierlichen Murmeln des Windes über die Dächer dahinzogen. Plötzlich, in jener Minute, die dem ersten Donnerschlag vorausgeht und da alles den Beginn des Getöses zu erwarten scheint, wurde ich wie von mir selbst losgerissen und einer unsichtbaren Menge ausgeliefert. Zahllose Gedanken drangen auf mich ein, wie eine Flut, die den Strand mit gewaltsamer Zärtlichkeit überschwemmt. Die Seele einer ganzen Stadt erklang in den Schreien, Klagen und dem Gelächter des sich über mir erhebenden Sturms, und mein Herz pochte im Einklang mit dieser großen, zornigen und ermahnenden Freude. Es war mir, als antwortete eine ferne Stimme aus den Tiefen der Zeit dem dumpfen Dröhnen des Himmels. Ich lauschte reglos, dann durchzuckte ein langer Feuerstreifen den ganzen Himmel, und im donnernden Lärm, der ihm folgte, peitschte der Regen auf den alten Garten nieder.

Entzückt vernahm ich dieses vielfältige Rauschen, das mit seinen gedämpften Tönen so vortrefflich zur Melancholie alter Erinnerungen paßt; und bald stieg aus dem Boden, als ich mich wiederfand, und mit jenem unendlichen Segen des Universums, dessen wir alle irgendwann in unserem Leben teilhaftig werden, der köstlichste Duft der Erde auf, der jüngste und zugleich älteste seit Menschengedenken, der finsterste und zugleich unschuldvollste, der dem Weltenbeginn allernächste und zugleich neugeborenste, der Duft, der im Herzen des Menschen am meisten Trauer und Glück zugleich erregt, der Duft der nassen Erde.

An manchen Tagen sprechen die Dinge zu uns, wie von einer plötzlichen Eingebung getrieben, verkünden uns in einer fast unverständlichen Sprache eine Botschaft, deren Sinn uns erst klar wird, wenn es zu spät ist. Man sollte meinen, daß die Materie zu gewissen Stunden eine Sehergabe erhält und prophezeit – vergebens allerdings, denn hat man je auf einen Propheten gehört?

Am Gründonnerstag 1940 befand ich mich bei Einbruch der Dämmerung in Notre-Dame. Weiter vorn vor dem Chor und inmitten des Hauptgangs waren einige Reliquien des Schatzes ausgestellt, Nägel des Kreuzes, wenn ich mich recht erinnere, und ein Fragment der Dornenkrone. Vier oder fünf Personen, nicht mehr, hielten Andacht vor diesen Gegenständen. Über ihren Köpfen warf eine elektrische Glühbirne die Strahlen ihres harten Lichts in die das Schiff durchflutende Nacht.

Ich bemerkte rechts und links von diesem improvisierten Altar einige in weiße Mäntel gehüllte Gestalten, aber so sonderbar sie auch waren, schenkte ich ihnen zuerst keine Aufmerksamkeit, denn was ich hörte, erstaunte mich viel mehr. Um die Reliquien herum breitete sich zwar

eine Zone des Schweigens, und es schien mir, als
hätte man die Grenzen dieser fünf Quadratmeter
ziehen können, die diesen Fleck zu einem Ort
unaussprechlicher Einsamkeit machten, aber ganz
oben im Querschiff brauste ein furchterregendes
Getöse. Man hatte die Scheiben der großen nördlichen Fensterrose entfernt und durch eine riesige
Zeltplane ersetzt, in welcher sich der Wind verfing
und mit so dumpfem Knall aufschlug, daß es wie
ein Kanonenschuß klang. Es war die letzte Bö des
Winters, und sie schüttelte die große graue Plane,
als wollte sie sie in Stücke reißen. In diesem
Sturmgeheul war es unmöglich, nicht den Ausdruck der Wut und der Verzweiflung zu erkennen,
und während ich diesem Lärm von unheilverkün-
dender Erhabenheit lauschte, bemerkte ich, daß er
die tiefe Stille, mit der sich die kleine Gruppe der
Andächtigen umgab, nicht im geringsten störte.
So wie es manchmal ist, wenn man sieht, wie
große Bäume sich unter heftigen Windstößen nei-
gen, während drei oder vier Meter von ihnen
entfernt die Blumen und Büsche völlig reglos
bleiben. Die riesige Stimme, die in den Gewölben
hallte und das Schiff mit Schlachtenlärm erfüllte,
brach sich an einer unsichtbaren Wand wenige
Meter über dem Boden, und es schien mir, als hätte
man gleichzeitig das leise Geräusch einer umge-

blätterten Seite vernehmen können und das donnernde Getöse, in dem sich die Schreie einer Menge mit dem Rattern und Rollen unzähliger Panzer mischten.

Erst dann richtete ich den Blick auf die Männer in Weiß. Sie saßen einander gegenüber, gehüllt in jene großen Überhänge, deren Farbe mich an die schönen Kirchen der Touraine erinnerte. Jeder von ihnen trug auf der rechten Schulter ein großes schwarzes eingesticktes Kreuz, und auf ihren ernsten und strengen Gesichtern glaubte ich die Bemühung zur Meditation zu lesen. Ich dachte flüchtig an die Ritter des Heiligen Grabes, als mir plötzlich einfiel, daß diese Männer und Frauen sich zu einer Zeremonie versammelt hatten, deren wahrer Sinn ihnen entging, und daß sie in Wirklichkeit Totenwache hielten. Es war, als riefen uns der Wind, der dunkelnde Abend, die Säulen und Gewölbe, ja, die ganze Kathedrale eine schreckliche Mahnung zu, die wir nicht hörten. Fast gleich darauf ging ich hinaus, ohne zu ahnen, daß ich Notre-Dame fünf Jahre lang nicht wiedersehen würde.

Vor kurzem bin ich zurückgekehrt. Es war im November. Eisige Kälte senkte sich auf meine Schultern, und ich schritt im Zwielicht voran wie inmitten eines Waldes. Es gibt für mich keinen

Winkel in Paris, der nicht mit Erinnerungen beladen wäre. Hier dachte ich an den ehrfurchtsvollen Schrecken zurück, der sich meines ganzen Wesens bemächtigte, als ich einst an der Hand meiner Mutter in die alte Kirche getreten war. Jedes Kind ist ein kleiner Barbar, und wie ein Barbar war ich bestürzt vor all dieser Erhabenheit. Noch heute, und bei aller Liebe, die ich für sie empfinde, fühle ich mich eingeschüchtert von Notre-Dame, von ihren Tiefen, von ihrem Widerhall, von der geheimnisvollen Nacht, die sie in sich trägt.

Als ich in das Querschiff gelangte, hob ich den Blick zur nördlichen Fensterrose und stellte fest, daß die große graue Plane noch immer dort hing, aber kein Wind schüttelte sie jetzt, und anstatt des Wutgeheuls der Stürme hörte ich das viel besänftigendere Gemurmel der Priester, die die Messe lasen. Da erinnerte ich mich an die Ritter des Heiligen Grabes und die vor den Reliquien knienden Frauen. Alles das schien mir in so weiter Ferne, und so seltsam die Frage, die ich mir an jenem Tage mit Schrecken gestellt hatte: »Über wen halten sie die Totenwache?«

Dann ließ ich den Blick in die Runde schweifen und unterbrach mich plötzlich. Etwas schlug mir an die Kehle. Was ich sah, hatte ich nicht zu sehen erwartet, aber ich erkannte es sofort. Im Südteil des Querschiffs ragte hoch und nackt, in überwältigender Einfachheit, das Holzkreuz für die Toten von Buchenwald. Es stand da, wartete und blickte, wie nur die Dinge zu warten und zu blicken vermögen. Ich stand lange vor ihm, und nachdem ich fortgegangen war, kehrte ich noch einmal zurück. Es war wie ein zu Holz erstarrter Schrei des Schmerzes und der Empörung; so hätte wohl auch das Mittelalter nichts Besseres gefunden, um auszudrücken, was sich niemals in Worten aussprechen lassen wird, und ich konnte nicht umhin zu glauben, daß ich in diesem November 1945 eine Antwort auf die angsterfüllte Frage erhielt, die ich mir im März 1940 gestellt hatte.

Wenn ich am weitesten zurückdenke, glaube ich eine Treppe zu sehen, von der meine Mutter manchmal sprach. Die Geschichte, die sie uns erzählte, erfüllte mich immer mit dem gleichen eisigen Schrecken, aber die Erzählerin bildete sich ein, ich verstünde sie nicht, weil sie englisch sprach. Sie hatte ihre Jugend in Savannah im Staate Georgia verbracht, in einem jener reizvollen Häuser im Kolonialstil, von dessen Fenstern man einen großen Platz im Schatten der Maulbeerfeigenbäume überblickte. In den Südstaaten ist die Abenddämmerung kurz, die Nacht fällt wie ein schwarzer Vorhang nieder und wird zur Zeit der größten Sommerhitze vom ständigen Gequake der Frösche begrüßt. Sind die Schatten in diesem Teil der Welt undurchdringlicher als anderswo? Ich würde es glauben. Jedenfalls scheinen sie dort besonders unheimlich zu sein. Um vom Salon in ihr Schlafzimmer zu gelangen (nach dem Lärm der Stimmen, des Gelächters, den Klängen des Walzers stelle ich mir mühelos die Stille vor, unterstrichen noch von jenem kristallklaren Froschgesang, der sich wie ein aus Tönen gewobener Schleier zwischen dem Sonnenuntergang und der ersten

Morgenröte erstreckt), stieg meine Mutter eine kleine, ziemlich schmale Treppe empor, so schmal, daß zwei Personen nicht nebeneinander hinauf- oder hinuntergehen konnten, und dort, so erzählte sie, schien es ihr immer, als ob jemand ihr folgte und ihr ins Ohr flüsterte. Sie fügte hinzu, was nicht gerade als Erklärung gedacht war, sondern eher ihrem Wunsch entsprach, eine Beziehung zwischen Ursache und Wirkung herzustellen: »Das Haus war an der Stelle eines ehemaligen Gefängnisses erbaut, in welchem ziemlich viele Verbrecher gehenkt wurden. «

Die schrecklichen Schlüsse, die ich aus dieser Erzählung zog, machten mir alle Treppen der Welt verdächtig, sogar die ganz unschuldige Treppe, die zu unserer Wohnung in Passy führte; und um ganz ehrlich zu sein, fühlte ich mich nur dort tapfer, wo die bunte Scheibe eines Fensters das Licht auf den roten Teppich und die messingnen Läuferstangen fallen ließ, aber in der dunklen Ecke, wo die Treppe eine Biegung machte, rannte ich wie gehetzt, mit allen Gehenkten des amerikanischen Gefängnisses auf den Fersen.

Mit der Zeit beruhigte sich der kindliche Schrekken, aber etwas blieb, und ich glaube noch heute, daß selbst die banalste Treppe nicht ganz des Geheimnisvollen entbehrt. Sie verlängert gewissermaßen die Straße oder den Weg, und wie sie ist sie mit all den Gedanken des Menschen beladen, der seinem Ziele zustrebt. Ist es nicht auffallend, wie versunken und verloren die Menschen aussehen, wenn sie von Stockwerk zu Stockwerk steigen? Wie viele getroffene Entscheidungen, wie viele unruhige Fragen, deren Antwort hinter jener sich bald öffnenden Tür lauert! Hier, auf diesen Stufen, ist der Ort und der Augenblick der Entscheidung, die letzte Minute der Überlegung vor der endgültigen Geste. So scheinen in einigen dieser großen runden Treppenhäuser immer noch Fetzen und Überbleibsel der Träume zu schweben, die sich dort verfangen haben, und ein Hauch der Erinnerung an all die Grübeleien, in denen sich die Liebe, der Neid und die Langeweile des Herzens all der unbekannten Treppensteiger bemächtigt haben.

Paris ist eine Stadt phantasieanregender Treppen. Ich denke jetzt nicht an die alten, vornehmen Palais, deren stolze Stufengänge edlen klassischen Reden gleichen, mit einem Halt auf jedem Absatz, von dem aus eine neue Periode beginnt, sondern vielmehr an jene bürgerlichen Treppenhäuser, die so reich an Geheimnissen, dramatischen Verwirrungen und kalten Berechnungen sind, daß der Romanschriftsteller nicht das Geländer berühren kann, ohne einer Person zu begegnen, die ihm ein Wort zuflüstert und einen Teil ihres Gesichts zeigt. Ich kenne eine Wendeltreppe im Viertel des Temple, auf der sich unwiderstehlich das Bild einer Verfolgung aufdrängt. Auf einer anderen, die schmal und winklig ist, stellt sich die Frage ein, wie man einen Sarg hinabtragen kann, ohne an die Wände zu schlagen, und welche geduldigen und geschickten Handgriffe nötig sind, um den Insassen der langen schwarzen Kiste nicht zu *stören*.

Wie oft bin ich in einem dunklen Hauseingang im Börsenviertel am Fuß einer Treppe stehengeblieben, deren prächtige Spirale sich mit hochmütiger Gleichgültigkeit emporwindet und sich auf die Reise ins Reich der Schatten begibt! Der Messingknauf, das Eichenholzgeländer, die vom Staub ergrauten Stufen schmücken sich in meinen Augen mit einer romanhaften Schönheit, die mich noch lange verfolgt, nachdem ich wieder auf die Straße gelangt bin; ich kann mir einige der wundervollen Persönlichkeiten vorstellen, die das Leben mit der kühnen Verschwendungssucht eines großen Schriftstellers in diesem finsteren Schacht hinauf- und hinabsteigen läßt, um des Vergnügens willen, wie mir scheint, seine Begabungen vorzuführen und seiner Nachahmer zu spotten. Eine Treppe für Lautréamont...

Aber sosehr auch diese Häusertreppen die Neugierde reizen – mit welch besänftigender Melancholie erfüllen die Steinstufen die Seele des Spaziergängers, wenn sie ihn einladen, sich an die Ufer der Seine zu begeben und sich in der Betrachtung ihrer schwarzen Gewässer zu verlieren! Dort, über dem Hafen, tut es gut, Träumen nachzugehen und unnütze Blicke zurückzuwerfen, die die durchlaufene Zeit messen. Der diesem Ort innewohnende Ernst besitzt die Eigenschaft, den zu unsteten Träumereien neigenden Menschen, dessen Herz sich von wehmütigem Vergangenheitssehnen nährt, auf geheimnisvolle Weise zurückzuhalten, so daß es ihm scheint, wenn er wieder die Stufen emporsteigt, als habe er neuen Vorrat an Erinnerungen gesammelt und sei um eine neue Traurigkeit reicher geworden.

Ein anderer wird die trägen Treppen an den Hängen des Montmartre vorziehen, deren Stufen selbst des unaufhörlichen Aufstiegs müde zu sein scheinen. Was mich betrifft, so kann ich mich nicht darüber hinwegtrösten, Zeuge der Zerstörung jener anmutigen Treppe gewesen zu sein, die, auf den Hang des Friedhofes von Passy gestützt, versonnen bis auf den Platz des Trocadéro hinabstieg. Die banale breite Straße, die sie niedermachte und die ihren Durchbruch einem Angriff von Sturmpanzern zu verdanken scheint, wiegt in keiner Weise den Verlust einer stillen Ecke von Paris auf, aber es tut wohl, sich an diese alten Steine zu erinnern, und ich glaube sie mit Hilfe meines Gedächtnisses ziemlich getreu zu sehen; auf der einen Seite erhob sich die von Zypressen gekrönte dunkle und nackte Mauer, und ihr gegenüber blickte man zwischen den Bäumen hindurch bis ins Herz eines grünen Dickichts hinab. In der Nacht warf die altmodische Straßenlaterne den Schatten eines verspäteten Spaziergängers auf die langen niedrigen Stufen, der sich nicht zum Schlafengehen entschließen konnte und den ungehörigen Stundenschlägen einer nahen Turmuhr lauschte. Alles schlief, die Toten und die Lebenden. Und die herrschende Stille war eine große Stille der Provinz.

Eines Abends, als ich in der Gegend der Rue des Feuillantines spazierenging, beschäftigte mich der Name des Val de Grâce. Wenn man die Rue Saint-Jacques emporsteigt, verengt sie sich an einer Stelle und wird die Provinzstraße, die sie gern sein möchte. Ist die Nacht klar, sind die Schatten scharf und das Mondlicht weiß genug, so kommt der Augenblick, da selbst der am besten mit den Geheimnissen seiner Stadt vertraute Pariser stehenbleibt und sich schweigend umblickt. Paris gibt sich nicht den Menschen preis, die in Eile sind, ich habe es bereits gesagt, es gehört den Träumern, denen, die sich in den Straßen zu vergnügen verstehen, ohne auf die Zeit zu achten, selbst wenn dringliche Geschäfte sie anderswo erwarten; und sie finden ihre Belohnung darin, daß sie sehen, was andere nie sehen werden. Paris hat zudem die besondere Eigenschaft, sich besser in der Nacht als am Tage zu zeigen. Man könnte meinen, es wartet, bis alles schläft. Im vollen Sonnenlicht spricht es wie alle alten Hauptstädte mit effektvollen Redewendungen, die immer wieder erstaunen: So ist jene Avenue eine lange, mit Entschlossenheit durchgeführte Satzperiode, deren Ende man vorausahnte, ohne es wirklich ganz für möglich gehalten zu haben; jener Platz ist ein Gemeinplatz, dem mit der scheinbaren Leichtigkeit des Genies ein neuer Sinn gegeben wird. Im Schatten der Nacht jedoch ist Paris ganz anders, und wenn es spricht, gilt seine dunkle Rede ihm selbst. Ich maße mir nicht an, viel davon zu verstehen, aber ich weiß, daß man plötzlich stehenbleiben muß, nachdem man über die Rue Saint-Jacques auf den kleinen Platz gelangt ist, der sich in einem Kreisbogen vor dem Val de Grâce erstreckt, wenn die Strahlen des Mondes direkt auf die Kuppel der Kirche fallen. Das habe ich in dieser Nacht gesehen. Wie ein großer schwarzer Wandschirm blieb die Fassade im Dunkel, mit ihren Giebeln, ihren Säulen und dem gefältelten Band ihrer Karniese, dem ganzen Putz eines wunderbar veralteten Stils, während sich hinter diesem Glanzstück der Beredsamkeit eine Art von Wunder vollzog: Die Kuppel löste sich im Licht auf, das ihre Substanz zu verwandeln schien. Es war, als sei die Kuppel zu Glas geworden, und man erwartete fast, durch diese Traumarchitektur hindurch die Sterne leuchten zu sehen.

Ich habe immer gefunden, daß man den Dingen, die man mit viel Aufmerksamkeit und Beharrlichkeit beobachtet, ein wenig von ihren Geheimnissen abzulauschen vermag und sie zu sagen zwingt, was ihnen am meisten am Herzen liegt, für sich selbst zu behalten. Ein einfacher Kieselstein hat sein Geheimnis: Die Materie ist von einer geradezu schwatzhaften Schweigsamkeit. Hier stand ich wie gebannt vor der Schönheit dieser ätherischen Kuppel, sah sie bis in die Tiefen des durchsichtigen Himmels zurückweichen und sich plötzlich in einen Schleier von fast orientalischer Pracht hüllen; dann wuchs sie, bis sie das Gewölbe der Nacht füllte, wurde im Schatten vorüberziehender Wolken tintenschwarz und bot meinem Blick die majestätischen Umrisse einer römischen Basilika. Die Skala ihrer Verwandlungen rief unwiderstehlich die Idee einer Art von Musik hervor, die nur dem Geist vernehmbar ist. Ich verweilte, tief bewegt von allem, was mir auf einmal durch die Gnade ein wenig Lichts gegeben war, und fast sogleich kam mir der Gedanke, daß das, was ich sah, vielleicht bald nicht mehr da sein würde, daß andere Kirchen, die nichts anderes als ihre einfache Anmut zur Verteidigung hatten, traurig unter den Bomben eingestürzt waren, und daß eines Nachts, vielleicht in einer ebenso reinen Nacht wie dieser, ein ich weiß nicht welches Erzeugnis der erfindungsreichen Barbarei diese Kuppel wie eine Eierschale zermalmen könnte; und die Kirche flüsterte mir ganz deutlich dieses Wort zu, das ein wenig von dem Geheimnis der Steine von einst preisgibt: »Je bedrohter ich bin, desto schöner bin ich.«

Es ist das Geheimnis der großen Städte, daß sie zu Spaziergängen verführen, deren Reiz uns unerklärlich bleibt, und man kann mir lange erzählen, die Schönheit der Gebäude, die schattigen Höfe und die alten Steine hätten es mir angetan, aber da ist noch etwas anderes, das sich in Worten nur andeuten läßt: jene Beschwingtheit des Herzens, die man beim Anblick eines Baums vor einem Dach empfindet, oder in der plötzlichen Frische eines dunklen Gewölbes unter dem hochmütigen Torbogen eines vornehmen Privathauses in einer sonnigen Straße.

So ist mir jeder Vorwand willkommen, in der herrlichen Provinzstadt herumzuwandern, die sich von den Gittern des Luxembourg bis zum Pont des Saints-Pères erstreckt und die der Glokkenstuhl von Saint-Germain-des-Prés und die Türme von Saint-Sulpice überragen; und ich könnte darüber etwas sagen, was der alte Samuel Johnson von London gesagt hat, nämlich daß man, wenn man seiner Straßen müde wird, des Lebens müde ist, doch seit einigen Monaten befällt mich peinliche Unruhe, wenn ich dort spazierengehe.

Zu sagen, es sei eine Art von Wunder, ein Wunder, an dem wir uns täglich erfreuen, daß Paris nach all den Jahren der Zerstörung immer noch steht, ist zu einem Gemeinplatz geworden. Aber wenn auch die Kriege der Schönheit von Paris nichts anhaben konnten, so ist es nicht minder ein Wunder, daß die Stadt nichts gegen die Spitzhacken der Pariser vermag, wenn diese auf Zerstörung aus sind, und auch nichts gegen die seltsamen Einfälle ihrer Architekten, wenn man ihnen nicht auf die Finger schaut! Es kümmert mich wenig, wer derjenige war, der diese sonderbare Abscheulichkeit errichtet hat, die man jetzt an der Ecke der Rue des Saints-Pères und der Rue Jacob erblickt, und es ist mir auch gleich, warum sie dort steht, denn, um ihr gerecht zu werden, ist ihre Häßlichkeit so beredsam, daß jede mögliche Erklärung sich von vornherein erübrigt. Wir müssen uns mit der Tatsache abfinden, daß sie nun im Herzen eines der schönsten Viertel der Stadt steht, die den stolzen Anspruch erhebt, die schönste Stadt der Welt zu sein, und der Skandal ist groß. Die Struktur dieser medizinischen Hochschule steht in nichts der Schwerfälligkeit und Trübseligkeit eines jeden während des Krieges errichteten Blockhauses nach, und sie verdiente es, daß man das einst von den Römern gegen die Barberini geprägte Wort in entsprechender Abänderung über ihre Tür schriebe:

»Was die Barbaren nicht zustande brachten, haben die Pariser getan.«

Einige Schritte vom Rathaus entfernt befindet sich eine lutherische Kirche, an die sich ein kleines Haus von heiterem Aussehen lehnt, hinter dessen Mauern sich nichts Besonderes zu verbergen scheint. Ich habe oft die seltsam strenge Fassade der Kirche betrachtet, und vor einigen Tagen bin ich, wie ich zu meiner Schande gestehen muß, zum ersten Mal über die Schwelle des Hauses getreten. Überrascht blieb ich zuerst wie angewurzelt stehen, und als ich dann einige Schritte machte, verließ ich das zwanzigste Jahrhundert und drang ins fünfzehnte ein. Paris hatte mit der charmanten List eines Zauberkünstlers ein kleines spitzbögiges Kloster aus dem Ärmel gezogen, in dem ich entzückt herumschlenderte.

Um die Wahrheit zu gestehen – es war kaum größer als ein Ballsaal, aber keine Arkade fehlte, und ich wäre mehrere Male herumgegangen, wenn nicht ein ernsthaftes Hindernis sich mir in den Weg gestellt hätte. Dieses Hindernis war die Loge der Pförtnerin, vielleicht die einzige Pförtnerinnenloge in Paris, wo die Portierfrau ihren Haushalt unter den Gewölben aus der Zeit Karls VII. führte. Die einzige auch, wo diese gleiche Portiersfrau, die ich darum beneide, von der Lektüre ihrer illustrierten Wochenzeitschrift aufschauen und den Blick von einem gotischen Pfeiler zum anderen schweifen lassen kann. Sieht sie sie wirklich? Wahrscheinlich stellt sie ihre Anwesenheit fest, aber ist sie sich ihrer je tatsächlich gewahr? Ich habe ihr gegenüber den Vorteil, diese Steine zum erstenmal zu sehen, während sie sie von früh bis spät vor Augen hat; aber sprechen sie je zu ihr, diese Säulen von unerschütterlicher Treue, die sich jeden Tag zum Stelldichein einfinden, welches sie ihnen schweigend und ohne drüber nachzudenken gibt, und die auf ihrem Posten bleiben, bis sie die Augen geschlossen hat? Was sie danach tun, wissen wir nicht mit Bestimmtheit, aber ich frage mich, ob diese Frau denselben Schlaf hat wie wir: Sieht sie die Prozessionen der schwarzen Gewänder durch die Wände ihrer Loge schreiten und zieht sie sich erschrocken die Decke über die Ohren, wenn sie das Gemurmel der Litaneien hört? Wenn ich es mir wohl überlege, glaube ich es nicht. An einem jener schönen Apriltage, da der Duft des ersten Sommerstaubs bereits über Paris liegt, verweilte ich einen Augenblick in einer Ecke des Klosters, mit einer imaginären Mönchskappe auf dem Kopf und einem unter meinem spinatgrünen Wams pochenden mittelalterlichen Herzen; denn aus verschiedenartigen Gründen sehne ich mich nach dieser Epoche zurück, in welcher, wie ich glaube, dem geheimsten Inneren des Menschen noch ein Frieden innewohnte, der uns abhanden gekommen ist; der Ort, von dem ich spreche, gehört zu denen, wo dieser innere Frieden ebenso natürlich zu sein scheint, wie es die Worte und Sätze der *Nachahmung Jesu Christi* waren.

Hier sind wir also in diesem kleinen Kloster, das uns seine Stille schenkt, seine Stille des XV. Jahrhunderts, und seine versonnenen Bogengänge vermitteln uns recht genau das Bild einer Seele, die sich in sich selbst zurückzieht und in einer Andacht verweilt, deren wir nicht mehr fähig sind. Dort bin ich nun wirklich angelangt und finde wieder meinen Ausgangspunkt, indem ich in der Erinnerung diese Stätte besuche, in der das große Paris des Mittelalters noch lebt. Der Nachmittag ging seinem Ende zu; in diesen Mauern, im Schatten der massiven Säulen war noch ein wenig von jenem Schatz geblieben, von dem uns zu jeder Stunde des Tages ein Stück geraubt wird und dessen endgültiger Verlust das Beste in uns, das wir noch besitzen, töten würde; es herrschte ein Schweigen, eine Stille, die durch das gleichmäßig wiederkehrende und kristalline Geräusch eines Wassertropfens in einem Kübel, nicht weit von einem Baum, der seine kleinen, noch ganz neuen und durchsichtigen Blätter zum Himmel streckte, nicht gestört, sondern noch vertieft wurde; und auf dem Fenstersims, über den die Pförtnerin von Zeit zu Zeit einen verstohlenen Blick auf mich warf, belauerte eine weiße, schwarzgesprenkelte Katze, ihre Maske quer über dem Mördergesicht, mit wilder Geduld eine gedämpft gurrende grau-lila Taube, die unschuldig unter den Ästen saß.

Wenn es wahr ist, daß man das Trocadéro ohne ausdrücklichen Befehl abgerissen hat, muß man annehmen, daß dieser Koloß allein von der Macht der allgemeinen Verachtung besiegt wurde und daß der Gedanke mehrerer Millionen von Menschen ebensoviel vermag wie die Unterschrift eines Ministers. Ich für meinen Teil habe den ersten Schlägen der Spitzhacken, mit denen sich die zwergenhaft wirkenden Arbeiter unter dem Blau des Himmels ans Werk machten, Beifall gespendet, den Sturz der überladenen Balustraden und all jener maurischen Scheußlichkeiten, die den Himmel von Chaillot verunzierten, freudig begrüßt. Und dann hat das wahre Trocadéro zu mir gesprochen.

»Was unterscheidet mich noch«, sagte es, »so wie die Dinge jetzt stehen, von den stolzesten Ruinen der Geschichte? Sah Baals Tempel finsterer oder unheilvoller aus in einer mondlosen Nacht, nachdem die Söldner des Xerxes seine Säulen niedergerissen hatten? Sei einmal ehrlich. Ich bin gewissermaßen der Tempel des Fischgotts der Philister, der der Wut des Helden von Juda zum Opfer fiel und dem der Tempel von Jerusalem, wenn auch in kleinerem Maßstab, gleichen sollte, als der Ewige seiner müde ward und ihn wiederum dem Zorn der Heiden preisgab. Geh, Titus hat nichts anderes gesehen, als was du hier siehst: riesige, entsetzte Mauerstücke, in Bedrängnis geratene Pfeiler, Treppen, die ins Nichts emporsteigen, eine Art reglosen Durcheinanderstürzens von Steinen und jener stumme Schrecken der Dinge, die sich der Zerstörung ausgesetzt fühlen. Oh du Blinder, der du behauptest, ich sei nicht schön!

Eigentlich bist du es, der du mich getötet hast. Jawohl! Du hast in den Chor der zu vielen Unbesonnenen eingestimmt. Ich weiche meinem abscheulichen Nachfolger, der weiß und banal wie ein riesiger Zuckerwürfel sein wird, und du wirst noch meinen Ziegelsteinen, meinem Basarflitterkram und meinen Minaretten nachtrauern.

Und dann wirst du dich gern an die Preisverteilungen erinnern, die ich in meinem Bauch beherbergte, die Ruhmestrophäen aus vergoldetem Stuck, die Palmenoasen, die Professoren, die Reden, deren kräftige Widerhalle sich die Worte wie Bälle einander zuspielten. Wenn du das, was von mir noch bleibt, niederstürzen hörst, so sage dir, Kleiner, daß die Dynamitladungen nicht schlecht gelegt waren und daß mit dem verschrienen Trocadéro auch deine Kindheit in die Luft geht.«

Allerdings zeigt uns die Nacht mit ihrer vollendeten Kunst der schmeichelhaften Verallgemeinerungen ein Trocadéro, das vielen unvergeßlich bleiben wird. Was der Himmel von Paris mit ein klein wenig Nebeldunst und dem notwendigen Grad von Dunkelheit hervorzuzaubern vermag, hat mich stets in verwirrte Überraschung versetzt. Um eine gewisse Stunde in der winterlichen Abenddämmerung scheint die Stadt den köstlichen Extravaganzen eines Gauklers ausgesetzt zu sein, der uns glauben machen will, es gäbe Dinge, die gar nicht existieren, und der unseren Geist mit bereichernden, feenhaften Mißverständnissen erfüllt. Gestern abend stand ich vor einem prunkvollen Schattengebilde, wo ich eine mittelmäßige Ruine zu sehen erwartete. Die ihrer Kronen beraubten Türme hüllten sich in einen leichten Dunst, in welchen die Lichter der Stadt jenen beängstigenden rosa Schimmer strahlten, jenen Widerschein des Brandes und des Weltuntergangs, der die Metropolen wie ein Halo umgibt. Einem Krater gleich klaffte der obere Teil des Gebäudes, und ein breiter Strom von Schuttgeröll ergoß sich aus dem Festsaal, aber dank der nächtlichen Magie schien seine Vulgarität verschwunden, und was bei

75

Tage ein ganz gewöhnliches Abbruchunternehmen war, offenbarte sich jetzt mit jener theatralischen Pose, die wie der Schmuck der großen Katastrophen ist... Ich stelle mir vor, daß die Tuilerien einen solchen Anblick boten, als ihre Asche erkaltet war.

Im *Musée de l'Homme*. Freudiges Wiedersehen mit Namba, der Göttin der Mutterschaft. Mit ihrem Papageienschnabel, an dessen Ende ein Stoffetzen hängt, und ihrem riesigen Strohmantel ist sie wahrhaft erschreckend. Ich habe sie mir vorgestellt, wie sie im Triumph zu den Klängen der Marseillaise oder des Star Spangled Banner durch die Straßen getragen wird; das würde ihrem Aussehen eine noch seltsamere Note verleihen... Auch sah ich das farbenfrohe Gewand, das man, ich weiß nicht wo, anläßlich der Beschneidungsriten trägt. Ferner eine wunderbare Trommel vom Ubangi, zwei große Holzflächen, die sich nach oben hin zuspitzen und in einen Büffelkopf von außerordentlicher Zartheit mit sehr schönen, herrlich geschwungenen Hörnern enden. Als ich aus dem Fenster blickte, über die Bäume des Trocadéro hinweg, nahm der Eiffelturm ein höchst seltsames Aussehen an...

Von einem ringsum von Fenstern umgebenen Zimmer aus, in der Rue de Louvre, im obersten Stockwerk des Gebäudes einer Abendzeitung, wo ich mich kurz aufhielt, entdeckte ich die herrlichste mir bisher bekannte Aussicht auf die alten Dächer von Paris: Rue Montorgueil, Rue d'Aboukir, Rue de Cléry... Es goß in Strömen, und das Licht verhüllte sich in den großen Silberstreifen dieser Sintflut. All die Häuser des XVII. und XVIII. Jahrhunderts mit ihren braunen Ziegelhüten – wie lange werden sie noch stehen?

Im *Musée des Arts et Métiers* (Kunstgewerbemuseum). Ein großer Saal voller nach Schmieröl riechender Maschinen. Ferner zwei lange Säle voller Penduluhren und Regulatoren, die nichts anderes als Penduluhren ohne Läutewerk sind. Einige sehr schöne darunter, aus dem XVIII. Jahrhundert und bis zu unserer Jahrhundertwende, und aus dieser Zeit eine bezaubernde Uhr, die sogenannte *horloge mystérieuse,* eine vergoldete Statue, eine meisterhaft modellierte Frauengestalt, einen Faden haltend, an dessen Ende ein Wassertropfen hängt – aus Kristall natürlich –, und dieser Kristalltropfen schwingt hin und her. Um halb vier haben alle Uhren in regelmäßigen Abständen geschlagen. In diesen langen Sälen, in denen wir mit Ausnahme des auf seinem Stuhl schlafenden Museumswächters allein waren, brachten diese leisen Töne von wunderbarer Klarheit, hie und da und dort von kurzen Pausen unterbrochen, eine seltsame, fast phantastische Wirkung hervor. Man fühlte sich wie in eine Erzählung von E. T. A. Hoffmann versetzt. Sonnenstrahlen auf den Parkettfußböden, aufgehobene und doch mit akribischem Fleiß angezeigte Zeit im Klange dieses leisen und nicht übereinstimmenden Geläutes.

Die Seine bei aufsteigendem Hochwasser; gelblich grün, schwer dahinfließend, majestätisch, überschwemmt sie beide Ufer, und die Brückenbögen scheinen sich flacher zu wölben. Sie ist bedrohlich und stolz. Ich finde sie herrlich in diesen Augenblicken, so voller Zorn, so erhaben in ihrem Zorn. Der dunkle graue Himmel macht Paris zu einer weißen Stadt. Notre Dame in ihrer ganzen Jugendpracht.

Auf dem Boulevard de Clichy schaute ich einem alten Mann zu, der im Nieselregen Dressurakte zweier weißer Ratten und zweier Foxterriers vorführte, die vor Müdigkeit mit den Augen zwinkerten. Die Ratten kletterten an den Ärmeln des Mannes auf und ab, zeigten dabei äußerste Gutwilligkeit und eine schier unerschöpfliche Geduld. Die Hunde trugen kleine Tirolerhüte und machten Männchen, so oft sie darum gebeten wurden, doch mit dem traurigen Ausdruck, den der Hunger verleiht, die Kälte, die Müdigkeit und das Bewußtsein, sich lächerlich zu machen. Neben mir beobachtete ein kleiner Junge die Tiere mit ernsthafter Aufmerksamkeit. Nach ein paar Minuten zog er ein großes, abgenutztes Portemonnaie aus der Tasche und warf mit einer Geste, in der sich die Gutherzigkeit eines ganzen Volkes ausdrückte, ein paar Münzen in den Holznapf.

Zwischen der Place Clichy und der Place Pigalle wurden im unnachgiebigen Regen gerade Jahrmarktsbuden abgebrochen. Ich finde, daß Paris von allen großen Städten, die ich gesehen habe, eine der traurigsten ist, trotz jenem Ruf der Fröhlichkeit, den sie einer glücklichen Epoche zu verdanken hat. Das Elend und die Krankheit schleichen zu jeder Stunde des Tages und der Nacht in den Straßen des trübseligen Montmartre umher, das in den Augen der Touristen wie ein Paradies der Sorglosigkeit und der Wollust flimmert.

Rue Franklin. Ich fuhr im Autobus. Es war um die Mittagszeit. Ein junger Arbeiter ist an ein Erdgeschoßfenster getreten, aus dem eine blau-weiß-rote Fahne hing, wahrscheinlich für den 14. Juli, den Nationalfeiertag. Er nahm die Fahne, zerbrach den Mast über seinem Knie, riß den Stoff in Fetzen;

dann hat er alles in den Rinnstein geworfen und ist ruhigen Schritts weitergegangen. Er hätte das gleiche mit jeder Fahne getan, aus jenem rebellischen Geist heraus, der im Herzen eines jeden Parisers schlummert.

Paris im leichten Dunst der Abenddämmerung, wenn sich die Lichter im Wasser spiegeln und Notre Dame in ihrem weißen Schimmer hinter den Brücken erstrahlt; eine bezauberndere Landschaft kann man sich nicht erträumen.

Am Carrefour de la Croix Rouge blickte ich in die Rue du Cherche-Midi, die mir schon immer eine Art magischer Eigenschaft zu besitzen schien. Es war fünf Uhr nachmittags. Die Fassaden der Häuser waren von oben bis unten mit Licht bespritzt, womit ich sagen will, daß man hätte meinen können, die Sonne habe einen großen Eimer Licht über diese alten Gebäude ausgegossen, und sie trieften noch davon. Es war herrlich, doch gleichzeitig konnte man nicht umhin, bei diesem Anblick eine unbestimmte Traurigkeit zu empfinden, jene Traurigkeit, die die Sonne spendet.

Auf dem Boulevard Saint-Germain, nicht weit von der Rue du Bac und fast vor einem Ministerium, sitzt ein alter Mann auf einer Bank; die Jacke und die Hose, die er trägt, sind aus Leinen und scheinen aus aneinandergenähten Flicken, die jedoch farblos sind, zu bestehen, so daß man sich fragt, was von der ursprünglichen Jacke und Hose nach den vielen Reparaturen noch übriggeblieben ist; und das ist sogar eine Art von philosophischem Problem, das eines Spezialisten des Mittelalters würdig wäre. Ist es immer noch der gleiche Anzug, oder ist es bereits ein anderer, und zu welchem genauen Zeitpunkt ist der eine zum anderen geworden? Wie dem auch sei, der besagte alte Mann hat einen weißen Bart, der ein gerötetes und sehr schmutziges Gesicht umrahmt. Ich würde sein Alter auf siebzig Jahre schätzen. Neben ihm, auf der Bank, steht eine dicke Weckeruhr und vor ihm ein Kinderwagen, der den Eindruck erweckt, ein Erdbeben durchgemacht zu haben, aber jedenfalls hat er noch seine vier Räder, und in diesem Wagen schläft ein großer, weißer, gelbge-fleckter Hund, unaussprechlich glücklich und zufrieden im lärmenden Getöse des Boulevards.

Heute abend bedeckte eine dünne Nebelschicht Paris, und die von innen durch Straßenlaternen erleuchteten Kastanienbäume sehen wie riesige Lampions aus.

Rue de l'Echaudé, Nummer 22, nicht weit von Saint-Germain-des-Prés, steht eine Tür halb offen, und wenn man sie ganz aufstößt, entdeckt man eine sehr schöne, dunkle und geheimnisvolle Treppe aus dem XVIII. Jahrhundert, und in der in die Mauer eingelassenen Nische auf dem ersten Absatz steht ein Zinnkrug. Ich blieb lange in den Anblick des Lichts auf diesen alten Stufen versunken und hatte alle Mühe, mich davon loszureißen ...

Ein wenig weiter, an der Place Furstemberg, ist das Atelier von Delacroix. Wie erholsam es ist, in der anmutigen kleinen Gartenanlage darunter zu sitzen, im Schatten der Bäume, in der Stille, wo eine laue Brise weht, an diesem schönen Sommertag, zwei Schritte von dem lärmenden Boulevard Saint-Germain entfernt. Ringsum alte Häuser mit offenen Fenstern, und all diese Fenster sind schwarz. Aquarelle von Delacroix, von Huet, von Riesener, von Hugo, Traum überall. Oase in unserer so poesiearmen Zeit. Über unseren Köpfen ziehen, Dampfschwaden gleich, weiße Wölkchen durch den blaßblauen Himmel.

Gegen Ende des Nachmittags trat ich in das Hôtel Biron, um mir die Ausstellung der zeitgenössischen italienischen Bildhauer anzusehen. In der scheußlichen kleinen neogotischen Kapelle übt ein Bischof von Manzù in seiner majestätischen Einfachheit eine erstaunliche Wirkung auf mich aus; er steht steif und aufrecht, in seine wallende *cappa magna* gehüllt, aus der eine Hand hervorschaut; sonst keine Einzelheiten, oder nur andeutungsweise; eine große Masse von ergreifender Reglosigkeit. Es ist das Porträt des Kardinals Lercaro, und die Kirche von... *Der Füsilierte* im Garten, auf den Boden der Terrasse hingestreckt, die Hände im Rücken gefesselt, Hände, von denen Michelangelo geträumt haben würde, ein Bild von ungeheurer Tragik, das Gesicht jung und schön... Plötzlich hat es sehr stark zu regnen begonnen, und ich bin mit Eric unter den Kastanienbäumen die geraden und schönen Alleen entlanggelaufen. Die modernen Skulpturen auf den Rasenflächen, zum Teil wahre Ungeheuer, beobachteten uns, in der Nässe glänzend, wie prähistorische Tiere, bedrohlich und sprungbereit. Ein grauer Himmel, viel Verträumtheit in allen Dingen. Es schien mir, als befänden wir uns im alten China.

Auf der Wasseroberfläche stieg der Nebeldunst wie Dampf auf, die Seine rauchte, bis in die Tiefen des schwarzen Himmels sah man das unbestimmbare und undurchsichtige Weiß; es war, als sei über der dunklen Herbstnacht noch eine zweite, übernatürliche Nacht eingebrochen, so blaß wie die andere schwarz war, doch undurchdringlich. Sie drang über die Quais, erstickte allmählich alles Licht. Schon war das gegenüberliegende Ufer nicht mehr zu sehen. Der Viadukt von Passy mit seinen bunten Straßenlaternen schien sich unter dem Druck einer unwiderstehlichen Kraft immer weiter zurückzuziehen; zuerst verschwanden die schwarzen Umrisse, und der lange rosa Strich, der nun wie im Nichts schwebte, löste sich ganz langsam auf.

Heute vormittag in der Rue de Paradis, um ein paar Weingläser zu kaufen. Ein Laden neben dem anderen, in allen Auslagen funkelndes Kristall. Baccarat, Saint-Louis usw. Die schöne enge Straße ist lebhaft, und dann die Rue de Trévise, noch schöner mit dem Platz, den ein von kleinen Bäumen umgebener Brunnen ziert; wie hübsch und zerbrechlich mir das alles zu sein scheint, was wird in zehn Jahren davon übriggeblieben sein? Der graue Himmel, der Regenschauer, das war das Paris von einst.

Wieder im *Musée des Arts et Métiers*. In diesen großen, fast öden Räumen, wo Hunderte von Pendeluhren schwingen und ticken und läuten, erzählt uns der Konservator auf fesselnde Art von der leicht phantastischen Atmosphäre, die zu gewissen Zeiten in diesem Museum herrscht. Besonders unheimlich ist es für den, der hier um Mitternacht allein ist. Zuerst das Geräusch der Federn der Pendeluhren, die sich anschicken, die zwölf Schläge zu läuten, und dann die Vielfalt der zarten Hammerschläge, die nach und nach in der Stille verhallen.

In einem der Säle gibt es eine Ecke, in der man, wenn man allein ist, zwei Schritte auf sich zukommen hört, ein Phänomen, das sich durch einen gewissen Spielraum zwischen den Parkettleisten erklärt, jedoch deshalb nicht weniger beeindruckend ist. Seltsam ist auch das Trugbild eines ausbrechenden Großbrandes, das in Wirklichkeit nur der Widerschein der Lichtreklamen der Straße in den Fensterscheiben des Museums ist. Oder man geht voran und sieht jemanden vor sich gehen, der kein anderer als man selbst ist, was auch nur die Wirkung des Widerscheins im Fenster ist. Es gibt noch Besseres: In diesem Museum, von dem E. T. A. Hoffmann und Rilke begeistert gewesen wären, befindet sich ein sogenanntes taubes Zimmer, in dem die Genauigkeit gewisser Mechanismen geprüft wird. Dort ist die Stille absolut, so vollkommen, daß wir sie nicht länger als einen

Augenblick ertragen. Unsere Stille ist, wenn man so sagen kann, ja nur das Aufhören von Geräuschen, aber die Stille, die in diesem kleinen Zimmer herrscht, ist so tief, daß niemand bereit wäre, länger als dreißig Sekunden in ihr zu verweilen, denn man hört nicht nur den pochenden Lärm des eigenen Herzens, sondern auch das verstärkte Knacken und Knarren der Knochen bei jeder Bewegung. Und das inmitten von Paris.

Besuchte vor kurzem das *Carnavalet,* um mir in den unteren Sälen die »Ansichten von Paris im Laufe der Jahrhunderte« anzuschauen. Man verläßt diesen Ort mit einem Gefühl der Niedergeschlagenheit: Häuser in Flammen überall, an die Wand gestellte Menschen, die erschossen werden, Barrikaden, Kanonenkugeln, die tiefe Löcher in die Fassaden der Paläste reißen, Aufstände, Revolutionen, Unruhen. Ich bewunderte Chalgrins herrliches Miniaturmodell von Saint-Sulpice und des Palais-Royal, das in seiner Gesamtheit mit allen Gartenanlagen und Galerien getreu dargestellt ist. Wenn man sich darüberbeugt und es betrachtet, kommt man sich wie ein Riese vor, wie ein neuer Gulliver. Wie viele Fangfragen könnte man selbst den gelehrtesten Professoren über die kleine Chronik unserer Stadt stellen (wo sind die aus Ägypten gebrachten Mumien, wo hat man sie beigesetzt, was befindet sich unter der Säule der Bastille, auf der sich das Genie der Freiheit ewig zum Aufflug erhebt, wohin hat man den unterirdischen See des Gespenstes der Oper geleitet, wer hat für das Standbild Pierre de Wissants Modell gestanden, wer wohnte im Château des Brouillards?), aber in Paris wird man immer einen heimlichen Liebhaber finden, der alle Antworten kennt.

Im *Musée Victor-Hugo*. Wenn man in das Zimmer tritt, in dem das Himmelbett steht, sieht man am Fußende des Bettes eine Vitrine mit der Totenmaske des wahnwitzigen Alten, mit seinem Bart, der von Bernini gemeißelt sein könnte. Über diese Vitrine gebeugt, sah ich das anmutige Gesicht eines jungen Mannes mit schwarzem Haar und braunen Wangen. Hugo hätte diesen Kontrast genossen. Draußen, auf der Place des Vosges, fällte man Ulmen. Es war ein wenig, als löschte man damit tausend Stelldicheine, zärtliche und grausame, denn hier konnte man sowohl mit Waffen als mit Madrigalen wetteifern . . .

Spaziergang im Börsenviertel mit seinen schönen alten, etwas dunklen und etwas traurigen Straßen, in denen die Erinnerung an Chénier, an Lautréamont, an Molière lebendig wird, und an so viele finstere Episoden der Schreckensherrschaft oder der Aufstände von 1870. Unter einem grauen Himmel ist Paris besonders schön. In meinen Augen wirkt es bei zu schönem Wetter irgendwie demoralisierend und nimmt eine fast schwarze Farbe an.

Ich entfliehe den Markthallen, die man niederreißt, um andere in Rungis wiederaufzubauen, wohin, wie man mir sagt, die Ratten bereits ziehen, und statte dem Pfarrherrn von Saint-Eustache einen Besuch ab. Am Ende der Sackgasse von Saint-Eustache öffnet sich eine Tür auf eine spiralenförmige Renaissancetreppe. Wir steigen zahllose Stufen empor, folgen einem langen Flur und gelangen auf das Triforium. Hier beginnen mir die Beine zu zittern. Wir sind einundvierzig Meter über den Bodenfliesen der Kirche. Von hier oben sehen die Stühle wie kleine Briefmarken aus. Ein unendlich langer Sonnenstrahl teilt die Kirche in zwei Hälften, dringt durch die Säulen hindurch wie durch die Stämme der Sequoias in einem amerikanischen Wald. Die schwindelnde Leere, die absolute Stille (die Kirche ist an diesem Ostermontag geschlossen) versetzen mich in weite Fernen.

Rue Cadet, bei einem Photographen. Das Haus hat eine wunderbare, breite, weit ausholende Treppe mit schmiedeeisernen Gittern, die eines Palastes würdig wären. Viele Häuser in diesem Stadtviertel, das ich liebe, weil es so lebendig ist, sind ebenso schön, nicht wegen des verzierenden Beiwerks, das ihnen fast allen fehlt, sondern wegen ihrer Proportionen, der Höhe der Fensterrahmen und der Zwischenräume, die sie trennen. Man hat den Sinn für diese Dinge verloren.

Ich überquere die Seine auf der Fußgängerbrücke von Solférino. Auf der schwarzen Wasseroberfläche treiben Hunderte von Fischen, die weißen Bäuche himmelwärts gestreckt, vergiftet von den Abfällen, die unseren schönen Fluß verschmutzen.

Die Tuilerien sind entehrt. Ein wahres Tingeltangel; Karusselle, Kindereisenbahnen, ein großes bayerisches Kasino, auf dessen Estrade eine Gruppe von Bauern in Lederhosen vor vier Gästen jodelt. Etwas weiter plärrt ein Lautsprecher in ohrenbetäubendem Lärm Mozartarien . . . Ich bin zu Fuß zur Oper gegangen und wollte mich für einen Augenblick in das Café de la Paix setzen, aber es war wegen Umbau geschlossen. Ich zittere bereits um das, was sich hinter dieser Ankündigung verbergen mag... Auf dem Boulevard drängt sich die Menge der Sonntagsspaziergänger, die sichtlich nichts mit sich anzufangen wissen, sich träge dahinschleppen, vor den Kinos Schlange stehen. Wie traurig und deprimierend! Ich hasse den Boulevard, auf dem ich die Gegenwart eines fast übernatürlichen Feindes spüre.

Und was soll ich über die Eingeweide sagen, die Beaubourg mit der idiotischen Zufriedenheit eines Babys zur Schau stellt, das seinen nackten Bauch zeigt? Immerhin hat man vom dritten Stockwerk aus einen herrlichen Ausblick auf Paris, aber zuerst muß man sich an den riesigen himmelblauen Schläuchen und Röhren vorbeischleppen und an all der sonstigen Klempnerei, die die Außenwände ziert.

Ich schlenderte die Rue du Cherche-Midi entlang, wo man noch die einheitlichen Reihen der Häuser mit den imposanten Fensterrahmen sieht, mit den heruntergelassenen Jalousien, die beschriebenen Schriftenrollen ähneln. Dieses Paris ist in Gefahr, wie auch das Paris der Bäume... Als ich dort vorbeikam, um mir einige Möbel anzuschauen, bewunderte ich die alten Gebäude, besonders die mit den Hausnummern 87 und 89. Die Luft war milde, das Licht ein wenig vom herbstlichen

Nebeldunst gedämpft, und dann fing es langsam zu regnen an. Ein Arbeiter von schöner Statur, der mit nackten Armen auf einem Wagen stand, musterte die Vorübergehenden mit verächtlichem Blick...

Im Louvre. Lorrain mit seinen pfirsichfarbenen Himmeln und seinem glückspendenden Licht. Von allen Malern hat keiner so wunderbar wie er angedeutet, was jenes verlorene Paradies sein könnte, jenes Anderswo, nach dem die Menschheit sich ewig sehnen wird. Durch die großen Fenster, die auf die Quais hinausgehen, blickte ich auf Paris im Regen, ein Anblick, dessen ich nie müde werde. Dann begann das Sonnenlicht durch die Tropfen zu schimmern, und die Stadt erschien mir in jener unbestimmten Ferne wie auf einem der Bilder hinter mir.

Lange Spaziergänge in Paris. *Musée de Cluny*, ein Musterbeispiel des Museums von heute. Verschwunden sind die langen schwarzen Samtmäntel mit den Gold- und Silberflammen, die die Ritter vom Heiligen Geist trugen. Ebenfalls verschwunden ist der Teufel, der die Zunge herausstreckte und mit dem Rasseln seiner Ketten den ungehorsamen Nonnen Angst machte. Dort, wo man ihn jetzt untergebracht hat, lacht er wahrscheinlich über seine angebliche Zwecklosigkeit. Das Museum ist menschenleer, und der Wärter, dessen Blick uns leicht argwöhnisch von Saal zu Saal folgt, erinnert mich an einen Gefängnisinsassen, der auf die Besuchsstunde wartet.

Im Luxembourg ist es kalt. Bäume, mit weißen und gelben Knospen übersät, unter blaßgrauem Himmel. Die langen, parallel laufenden Linien der Balkone und Terrassen, die dicken schwarzen Striche der Baumreihen, das alles wie in einer Zeichnung, die die Erinnerung auf ewig in mein Herz einprägt.

Dichter und fast unaufhörlicher Regen über Paris. Die Tuilerien gleichen einem See. Man watet im Wasser. Die Seine, jetzt von wunderbar grüner Farbe, macht sich majestätisch und breitet sich bis über das rechte Ufer aus. Dieser Fluß wird einmal mein Leben durchzogen haben, wie eine instinktive Kraft das Schicksal eines Menschen durchflutet. In *Epaves* (Treibgut) habe ich versucht, etwas davon anzudeuten, denn wie sonst soll man es ausdrücken?

In der *Salpêtrière*. Die unvollendete Kapelle scheint leer, aber ihre Proportionen sind von monumentaler Erhabenheit. Vollkommenheit der Linien und Exaktheit der Raumverhältnisse, aber schließlich ist sie ein Werk von Libéral Bruant und Le Vau, und das sagt alles. Ein riesiger, auf seinem Kreuz ruhender Christus zeugt von einer Größe des schöpferischen Gedankens, die das Herz höher schlagen läßt. Aus welchen Tiefen des Schweigens dieses Kreuz seinen Protest gegen den Unglauben der heutigen Zeit erhebt!

Auf eine der Türen meines Zimmers wirft die Sonne das Spiegelbild eines feurigen Fensters, welches sich gegenüber im Hochhaus von Montparnasse befindet. Ich sehe von meinem Fenster aus diese im Licht des Sonnenuntergangs rubinfarben leuchtende Fensterscheibe, verweile einen Augenblick, drehe mich um, und schon ist sie auf meiner Wand weitergerückt, auf eine andere Tür, und jetzt ist sie von flammendem Rosa und so deutlich zu erkennen, daß ich die vier Teile des Fensterkreuzes zählen kann. Noch nie habe ich eine so schöne Erscheinungsform der Widerspiegelung gesehen, außer in den Bergen.

»Ich bin der Weg, der durch Paris führt«, sagt die Seine. »Ich habe seit deiner Kindheit viele Bilder fortgeschwemmt und viele Wolken in mir gespiegelt. Ich bin wechselhaft, veränderlich, aber wie die Menschen habe ich meine Glücksaugenblicke, wie im Juni in der Morgenröte, und meine dunklen Stunden, wie an gewissen Dezemberabenden. Und vor allem bin ich neugierig, und meine Neugierde ist das, was ihr Überschwemmungen nennt. Eins haben wir gemein, ihr, die ewig Vorübergehenden, und ich, das fliehende Wasser: Es gibt keine Umkehr für uns. Eure Zeit ist mein Raum.

Wie viele Schimmer haben sich in meinen Wassern widergespiegelt! Meine Erinnerungen sind ein riesiges Kaleidoskop, in dem du alles findest, was die Geschichte deines Jahrhunderts bestimmt hat: Place de la Concorde im Februar 1934, als die Frauen auf ihren Tabletts Metallkugeln verkauften, die dazu bestimmt waren, unter die Hufe der Kavalleriepferde geschleudert zu werden; die Spaziergänge der Liebespaare oder der Mörder, wie du sie in deinen Büchern beschrieben hast; ein Papst auf den Stufen von Notre Dame, erschienen, um das Andenken an jenen zu löschen, der nicht freiwillig gekommen war; und all das Feuerwerk, dessen leuchtende Garben und Sträuße meine flüssige Nacht verdoppelte, bevor ich das verloschene Zauberwerk in mir versenkte; und all die Umzüge und Demonstrationen, zum Beispiel die des Mai

1968, als man erreicht zu haben glaubte, was die Revolutionen des vorigen Jahrhunderts sich nur in ihren kühnsten Träumen erhofft hatten; aber bei euch, ihr Volk der vielen Worte, beginnt alles wieder von neuem, und jeder Verlust wird wiedergutgemacht; und die ersten Automobile auf dem Cours la Reine, hoch und kantig wie schwarze Kisten; und die Möbel des erzbischöflichen Palasts, die man in meine Fluten warf; und die Biwakfeuer der Kosaken und der Preußen; und Monsieur Guillotin auf seiner Guillotine, was ja nur logisch war; und die noch lebenden Menschensäcke, die man aus den Fenstern der Tour de Nesles herunterstürzte; die kleinen Bleikönige, die man mir vom Pont-au-Change zuwarf, um sich gegen den bösen Blick zu schützen, die Studentenaufstände, die Straßenkämpfe, die Belagerungen, und die weiße Stadt, die Lutetia hieß, als Attila in den umliegenden Wäldern lagerte, denn, siehst du, die Zeit ist stromaufwärts ebenso rasch wie stromabwärts.

Alles, was du seit deiner Kindheit von deiner Stadt gesehen hast, ist wahr, aber die Jungen von heute würden sie so nicht wiedererkennen, doch auch sie werden bald eine Stadt beschreiben, die den Erinnerungen ihrer Kinder nicht mehr entspricht. Und ich wette, daß mancher in hundert Jahren mit Begeisterung lesen wird, es habe im

Paris des zwanzigsten Jahrhunderts vierrädrige Ungeheuer auf den Straßen gegeben, Treppen in den Häusern, Türme, Museen, das heißt große Trödelschuppen, in denen man gemalte Bilder und alle Arten von sonstigem Kram aufbewahrte; es sei denn, daß Paris wie in der Phantasie Jules Vernes ein Punkt auf einer Seekarte geworden ist, wo sich Haifische und Riesenschildkröten inmitten graugrüner Steine umhertummeln und wo ich selbst im Schlamm dieser neuen Atlantis um eine Spur dunkler geworden bin!

Wie dem auch sei, ich werde stets an meinem unsichtbaren Platz bleiben; bedenke, daß ich nicht nur ein Paris, sondern mit ihm zahllose Phantasiebilder von Paris durchfließe, das Paris von *Maldoror*, das der *Elenden* von Victor Hugo, dein Paris der *Epaves* ... Aber trotz all der Gestalten eurer Romane, die ihr in meinem Bett ertränkt habt, höre ich noch immer die wirklichen Schreie, die in meinen Wassern verhallt sind, berge ich alle Beweise, die man seit dem Mittelalter in meinem Schoß versenkt hat, die Geheimnisse der freiwillig in den Tod Gegangenen, und wenn du, wie die anderen, wissen willst, was ich wirklich von Paris denke, so rate ich dir, dir mit den Augen des Herzens das geheimnisvolle Lächeln der *Unbekannten der Seine* anzuschauen ... «

Paris hat mich mein ganzes Leben lang mit einer solchen Eindringlichkeit beschäftigt, daß einige meiner Romanfiguren die Bezauberung, die sie auf einsamen und abenteuerlichen Streifzügen durch die Metropole empfinden, von mir geerbt haben. Noch heute genügt es mir, dem einen oder dem anderen zu folgen, um durch sie oder wie verdoppelt von ihnen und ihren Träumereien den Schauder oder das Entzücken an Orten wieder zu erleben, wenn ich zufällig zu ihnen zurückkehre.

So ergeht es mir mit der Passage du Caire, wo Fabien auf das Abenteuer wartete, und selbst wenn ich mich dort an einem sonnigen Nachmittag befinde, kann ich nicht umhin, mir vorzustellen, daß das Wetter *anders* ist: Für mich herrscht nächtliches Dunkel, und es regnet. So habe ich es irgendwie in meiner Erinnerung verankert, und ich höre, ob ich es will oder nicht, die von der anderen Seite der Passage kommenden gemessenen Schritte, die die Unruhe dessen, der dort wartet, steigern. Werde ich umkehren? »Wenn ich du wäre«, flüstert mir eine innere Stimme zu, »würde ich es nicht tun, denn du weißt sehr gut, daß das alles nur Traum und Einbildung ist.«

Aber wenn ich nun für eine Sekunde die Augen schließen würde, um zu sehen, ob Paris, so wie ich es mir vorgestellt hatte, das wahre Paris geworden ist, ob die Passage du Caire sich menschenleer vor mir erstreckt, ob sie im Dunkel liegt, ob der Regen auf ihr trübes Glasdach prasselt? Die Schaufenster leuchten unheilvoll . . . Werde ich nicht die ruhigen Schritte vernehmen, die sich mir nähern, und jene Stimme hören, die meinem Helden die Macht schenkte, von einem Körper in den anderen zu wandern, und die eindringlich und geheimnisvoll das Sesam-öffne-dich spricht: »Wenn ich Sie wäre . . .«

Wer erinnert sich noch, unter all den längst ver-
schwundenen Straßenschreien der Händler, an diesen: »Kauft Mieren für die kleinen Vögel!«? Welche leidgeprüfte Seele hat sich diesen Bettelvers
ausgedacht, in dessen Singsang soviel ergreifende
Empfindsamkeit mitschwingt? Die Klage ist so
zart, daß man meinen könnte, sie habe es längst
aufgegeben, sich Gehör zu verschaffen, sei nur
noch der Seufzer einer geheimen Sehnsucht. Man
hörte sie in gewissen Straßen von Paris, wo sie in
diesem eintönigen Satz im betörenden Lärm des
Marktes erklang; sie vermischte sich weder mit
dem Geschrei der Gemüsehändler noch mit dem
Rattern der vorüberrollenden Karren und Wagen,
sondern schlich sich bescheiden neben all dem
Lärm dahin, wie eine Fremde, die mitten im
Gedränge einsam ihres Weges zieht.

Und so zog auch diese Frau, die ihr geheimnis-
volles Lied sang, stets wie umgeben von einer
großen Einsamkeit durch die Straßen, selbst wenn
sie angerempelt wurde. Ihr Gesicht bewahrte den
Ausdruck einer übermenschlichen Gelassenheit. In
der Hand hielt sie ein Bündel praller und goldgel-
ber Ähren, die sie mit abwesender Geste den

Passanten vorhielt, wie etwa eine Ceres im Exil, die, ohne Hoffnung auf Verständnis, das Symbol einer vergessenen Religion zeigen würde. An ihrem Arm hing ein großer und tiefer Korb, der die nutzlose Ware enthielt, denn warum auch sollte man Tiere ernähren, die nur singen können? Zuweilen rückte sie sich den Schal zurecht, dessen eines Ende ihr über die Schulter geglitten war, und ihre ferne Stimme hatte den sanften Klang des Lallens gewisser Schwachsinniger oder Schlafwandlerinnen, die von ich weiß nicht welchen nächtlichen und verklärten Dingen reden. So gingen auch nur einige alte Mütterchen zu ihr, zogen mit einer vorsichtigen und manierierten Geste der Hand eine Münze aus den Schößen ihrer altmodischen Röcke oder ihrer Handbeutel und gaben sie ihr leicht zitternd. Mit welcher Grazie wurde ihnen dann die Ähre überreicht, und wie gerührt sie diese in ihren abgezehrten Fingern hielten! Man vermeinte fast, sie bei einer rituellen Handlung zu überraschen, wenn die Frau mit dem rutschenden Schal die Ähre in diese von dicken Adern durchfurchten Hände drückte, und die zum Austausch gebotene Münze nahm plötzlich eine an die fernste Antike gemahnende, versöhnliche Bedeutung an.

Daß Paris schön ist, glauben wir bereits zur Genüge zu wissen, aber die Maler wiederholen es uns mit der ganzen Autorität ihres Genies, und man bleibt stumm vor einer Stadt, die sich in den Bildwerken eines Manet, eines Degas, eines Monet und vieler mehr so anders zeigt, als wir sie sehen, und doch so wirklich ist. Was soll man über Pissaros Tuilerien in der Aprilsonne, über Gauguins winterliche Quais unter schneeigem Himmel oder über Lebourgs rosige Abenddämmerung sagen? Da schweigen die Lippen, und nur die Augen sprechen.

Der Pariser Landschaft wohnt etwas ebenso völlig Unbestimmbares inne wie dem Ausdruck eines menschlichen Gesichts. Viele Maler haben versucht, diesen Ausdruck festzuhalten, aber nur wenigen ist es gelungen, so sehr sie sich auch um Exaktheit in der Beobachtung bemüht haben mögen. Es gehört eine ganz besondere Gabe dazu, einer Stadt wie Paris das, was man »Ähnlichkeit« nennt, abzugewinnen. Auf einem Bild, das man als »nicht ähnlich« bezeichnen könnte, mögen die Bäume an ihren richtigen Plätzen stehen und die Häuser mit skrupelhaftester Genauigkeit wiedergegeben sein, aber es wird ihnen etwas fehlen, und dieses Etwas ist gerade Paris, ist der Geist, der das Licht und den Schatten des Laubs auf den Steinen belebt. Wenn man sich dann den »Blick auf die Boulevards« von Pissaro anschaut, oder den »Blick auf Montmartre«, den Van Gogh von seinem Atelier aus gemalt hat, empfindet man eine Art von innerem Schock, den Schock, den nur die Wahrheit zu vermitteln vermag, wenn sie das Licht und den Dunst und den Himmel auf zwei Quadratmeter Leinwand einfängt und dort für immer lebendig werden läßt.

Man kann sagen, daß Paris die Stadt der Impressionisten gewesen ist. Aber was zuallererst in der Natur der Werke dieser Maler auffällt, ist ihre ungeheure Einfachheit. Sie ist einfach wie ein Kornfeld mit Mohnblumen unter heißem Augusthimmel, einfach wie eine Lindenallee in einer kleinen Provinzstadt; und sie ist frei wie der Wind, denn sie ist aus dem Gefängnis der althergebrachten Formeln entwichen, wie die Luft durch die Gitterstäbe entweicht. Sie hat ihre Staffelei unter freiem Himmel aufgestellt. Und die herbeigeeilten Maler mit ihren Pinseln und Klappstühlen an den Ufern der Seine oder in den Straßen von Paris haben uns eine Stadt von strahlender Heiterkeit gezeigt, eine Stadt von leichtbeschwingter Anmut, selbst unter einem Gewitterhimmel, eine Stadt, in der der Himmel ganz und gar die Illusion erweckt, an den Spielen des Tages teilzunehmen. Wir sind weit von Baudelaires Stadt aus Stein und Marmor entfernt, aber die Dichter tragen ja immer die tragische Vision ihrer Sehnsüchte in ihren Herzen. Unsere Maler dagegen sahen nicht diese finstere Landschaft, sie schufen Schatten aus lichten Farben und blickten mit Kinderaugen in die Gärten und Parks, auf die Regenschauer und die belebten Straßen, und unter den großen weißen Wolken, die querein über ihre Himmel zogen, zeigen sie uns ein glückliches Paris, die Stadt des Lichts.

Jedes Jahr sehe ich Bäume verschwinden. Trotz aller Beteuerungen, man pflanze wieder welche an, wird ihre Zahl immer geringer, und immer weniger strecken ihre jungen Äste der Sonne entgegen oder schütteln ihre Laubkronen im Wind.

Paris ist die einzige Großstadt, in der man unsere Brüder, die Bäume, so behandelt. Weder Berlin noch London, um nur die zivilisierten Städte zu nennen, zeigen eine solche Unkenntnis der Natur. Jedes Jahr bieten unsere Avenuen uns unter den verschiedenartigsten Vorwänden einen traurigen, den »Desastres de la Guerra« von Goya würdigen Anblick, und die Baumkrüppel strecken ihre Stümpfe über dem gleichgültig dahinfließenden Verkehr aus, der zum Teil schuld an diesem ungeschickten Vernichtungswerk ist. Wenn die Bäume, wie Aristoteles sagt, träumende Personen sind, was denkt dann wohl ein Baum von seinen Henkern? Ich will ihm nicht aus falscher Spielfreude eine Stimme andichten, denn für ihn sprechen die schweigenden Seufzer der Verliebten, die Träumereien des einsamen Spaziergängers und das freie ungezwungene Volk, nein, ich will den Vögeln das Wort geben: Was maßen sich all die Experten an, die Fachleute des Beschneidens, des Ausästens oder sonstwelcher Bezeichnungen, mit denen sie ihre Missetaten verkleiden? Asphalt und Staub, das wollen sie, und sie ahnen nicht, was Paris mit seinen Grünanlagen ist, wenn man es vom Himmel aus betrachtet. Bilden sie sich ein, die Spaziergänger würden mit dem Jahrhundert aussterben, und die Bäume brauchten sie nicht zu überleben? Seit Urzeiten sind sie mit der Menschheit aufgewachsen, wie in einer Parallelentwicklung, und als der Mensch sich auf seinen Hinterbeinen aufrichtete, ist die Pflanze emporgewachsen, sie, die zur Zeit der vorsintflutlichen Ungeheuer am Boden rankte, wie um den zu beschützen, der zum König der Schöpfung ausersehen war. Was ist nur aus diesen Königen geworden, aus diesen Menschen, die schlagen und sägen und fällen, für die der Baum nichts weiter als Holz ist und die immer noch die Beschimpfung verdienen, die Ronsard dem Holzfäller im Wald von Gastines zurief:

»Wie viele Feuer, Eisen, Tote, Not und Ängste Verdienst du Böser dir...«

In allen Städten Europas gibt es die Stadt der
Menschen und die Stadt der Statuen. Ich will jetzt
nicht von denen reden, die man auf den Plätzen
und in den Parks oder in Augenhöhe auf den
Gebäudefassaden sieht und die ein wenig wie die
Schildwachen dieser Welt der Steine, der Bronze
oder des Marmors sind, wenn sie, sozusagen aus
der Nähe, unser Kommen und Gehen beobachten,
das ihnen ebenso unverständlich ist wie uns das
Herumschwirren der Insekten.

Auf den Dächern, Turmflanken und Giebeln der
Kirchen, der Paläste oder der offiziellen Gebäude,
die uns das neunzehnte Jahrhundert überließ, lebt
eine andere, eine parallele Welt, die allen Unbilden
des Wetters trotzt und die Sonne betrachtet, wie
die Toten dem Ruhm der Ewigkeit entgegenblik-
ken mögen. Viele dieser Allegorien – denn dort,
wo sie stehen, geht es mehr um Ideen als um
denkwürdige Persönlichkeiten – sind von unten
aus nur zum Teil sichtbar. Ob es ein Apoll ist, der
unaufhörlich über dem Steinmeer der Avenuen
und Straßen um die Oper seine Leier empor-
schwingt, als wolle er dem garstigen Strom des
Autoverkehrs Einhalt gebieten, oder ein Ganymed

in den Klauen des Adlers einer Versicherungsgesellschaft – es könnte übrigens auch ein Phoenix sein – über dem blauen Dunst der Auspuffgase des Boulevards Haussmann –, wie viele verborgene Schätze kann man da entdecken, aber nur, wenn man aus der Dachluke eines siebenstöckigen Hauses ohne Fahrstuhl blickt, oder wenn man, einer Eingebung des Zufalls folgend, mit einem Fernglas in das kleine Büro im Dachboden des Louvre gelangt ist oder auf die Dachterrasse eines Warenhauses. Was sehen sie, diese ewig frühlinghaften »Jahreszeiten«, diese »Enthaltsamkeiten«, diese »Gerechtigkeiten«? Wovon träumen diese verkannten »Genien«, diese idealhaften »Theologien«, all dieses abstrakte Gerümpel, dessen man sich entledigt zu haben glaubte, indem man es in verborgene, den Menschen von hienieden unzugängliche Schlupfwinkel stellte? Und was tun diese Statuen am Abend, wenn der gleichmachende Schatten die Erde bedeckt, in den Nebelnächten des Novembers, in der mondlosen Finsternis, oder, im Gegenteil, in den Nächten, da der Maimond die Dächer der Stadt wie die Wogen eines dunklen Meers erschimmern läßt?

Ich stelle mir vor, daß es für sie keine Distanzen gibt, für die gekrönten Bischöfe auf den Giebeln von Saint-Roch, für die Ungeheuer und die Verdammten von Notre-Dame, für die starr dreinblickenden Häupter auf dem Dach der Gare d'Orsay, seines Hotels und seiner Billettschalter entleert, verlassen wie eine leere Muschel, die der Einsiedlerkrebs liegengelassen hat, und für den großen Jugendstil-engel der Rue Réaumur. Denken auch sie an ihre Toten, die der Mode zum Opfer gefallen sind, dem bilderstürmerischen Drang der Menschen oder dem Krieg, der Chappe und seinen Telegraphen, La Fontaine, Dolet, Gambetta und zahllose Liebesgötter aus Bronze verschrottete, um sie in Kanonen zu verwandeln? Was der Mensch erschafft, scheint er mit dem gleichen Vergnügen wieder zu zerstören, als ob er schließlich Angst vor der seinem Gehirn und seinen Händen entsprunge-nen Welt empfände, wie ein Pygmalion, der befürchten würde, seine Galatea könnte ihm ent-weichen und sich in die Venus von Ille verwandeln, im Gegensatz zu Gott, der seiner lebenden Statue Adam einen zweiten Körper schenkte.

Was wird das Paris von morgen sein? Ich dachte daran, als ich im Nebeldunst am Ufer der Seine auf die zarte Pracht der Knospen blickte, die die Bäume mit einem leichten Schleier bedeckte. Paris ist von einer Schönheit, die mich manchmal beunruhigt, weil ich fühle, wie zerbrechlich und bedroht sie ist. Bedroht vor allem von unseren Städteplanern. Welcher junge Architekt wird uns endlich die Stadt der Zukunft geben, eine schöne Stadt, die ebenso verführerisch auf die Generationen der Zukunft wirken wird, wie das allmählich aus den Jahrhunderten entstandene Paris uns zu bezaubern vermochte? Ist es zuviel, von einem Visionär zu träumen, der ein Poet des Raumes wäre und nicht mehr einer jener Organisatoren des *Lebens im Häßlichen*, wie Baudelaire sagen würde, einer jener Nutzraumfanatiker, die jeder unbebauten Fläche nachjagen und überall ihre modernen Gebäude errichten, Stahl- und Betonklötze ohne jede Anmut, voll vom Lärm und Getöse der Fernsehgeräte und der Kanalisationen der Nachbarn...

Manche Zerstörungen sind unvermeidlich, und man kann nicht ewig jammern über das, was einmal war. Aber die Zeit hätte uns lehren sollen, weniger töricht zu sein und nicht gerade das zu schützen, was nicht zu dauern bestimmt war, wie alle diese für höchstens hundert Jahre gebauten Häuser in gewissen Ecken des Marais oder im Faubourg Saint-Antoine, die man jetzt recht und schlecht auszubessern versucht.

An der Schwelle des einundzwanzigsten Jahrhunderts leben wir immer noch mit den rückständigsten Ideen, besonders was den Städtebau betrifft. Natürlich darf hier nicht die Rede davon sein, die Vergangenheit zu beseitigen, aber wir sollten sie wie eine Quelle des Gedächtnisses benutzen, und das Inventar, das die Zukunft aufstellt, wird zuerst alles das enthalten, was die Generationen uns an Schönem geschenkt haben, seit der Mensch den ersten Stein schliff.

Der Raum und die Natur, darauf muß man immer wieder zurückkommen, und die moderne Architektur kann und darf sich nicht mit einengenden Prinzipien begnügen, die dazu führen, Paris in kleinen Teilen stückweise wiederaufzubauen, wie hier die Markthallen, dort Montparnasse, ohne einen Gesamtplan, ohne jene Phantasie, die ein *Morgen* schafft. Zu allen Zeiten hat es Visionäre gegeben, und der »Traum des Architekten« entspricht dem eines Soane, eines Loos oder eines

Klenze für ein ideales London, Wien oder München. Jefferson ist noch weiter gegangen, als er seinen Traum verwirklichte und die Universität von Virginia schuf, in der ich mein Studium beendete. Aber die großen französischen Schöpfer wie Ledoux, Boullée oder Le Corbusier hatten nicht das Glück, ihre Visionen verwirklicht zu sehen, und wo sie etwas verwirklichen konnten, haben unsere Stadtväter sich befleißigt, für »Ordnung« zu sorgen. Die *Programme* Boullées, seine Pläne der Basilika, des Mausoleums, des Theaters, die Entwürfe, die Ledoux für den Bau von Residenzen, öffentlichen Plätzen und Handwerkervierteln schuf, sind fast in allen Fällen nur Zeichnungen und Skizzen geblieben, die man in den Mappen der Museen bewundern kann. Und unser Zeitalter zeigt das gleiche Mißtrauen. Wie viele Sarcelles hat man für ein Brasilia erbaut!

Seit meiner Geburt im siebzehnten Arrondissement in der Nähe der Porte des Ternes, nach zwei Weltkriegen, Jahren des Exils, und selbst nach allen meinen Reisen, die mich fast überall hinführten, wo es mir beliebte, habe ich meine Geburtsstadt jedesmal mit dem gleichen Gefühl der Begeisterung wiedergefunden. Ich sehe, wie sie sich verändert. Und es will mir scheinen, als blickten die für ihre Zukunft Verantwortlichen durch das falsche

Ende eines Fernrohrs. Was kümmert sie die Schönheit des Himmels, der Bäume und alles dessen, was das Auge des Menschen mit Glück und Freude erfüllt . . .

In tausend Jahren wird vielleicht ein Mann wie ich hinter der Scheibe eines Fensters stehen und, wie ich jetzt, auf diese Landschaft von Häusern und Bäumen unter einem regnerischen Frühlingshimmel blicken. Ich versuche mir vorzustellen, daß ich diesen großen Zeitraum durchschritten habe und dieser Mann bin. Was sieht er? An was denkt er? Ist er glücklich? Fragt er sich zuweilen, warum er auf Erden ist und warum in diesem Zeitalter und nicht in einem anderen? Woran glaubt er? Was fühlt er? Diese Neugierde, die er in mir erweckt, haben andere für uns empfunden, Menschen, die längst tot waren, als Lutetia sich kaum erst aus dem Schlamm erhoben hatte. Hier vielleicht, am gleichen Ort, wo ich stehe, hat ein Barbar von der Zukunft geträumt. Und ich denke an dieses Paris der Zukunft, das sich über den Raum erstreckt, der der unsere ist, und wo Rohbeton, Glas, Stahl und vielleicht noch andere, uns bisher unbekannte Materialien die Elemente einer unendlichen Schönheit sein werden.

Meine Städte
Ein Reisetagebuch.
Aus dem Französischen von Helmut Kossodo.
275 Seiten, Leinen.

„Befragt nach dem mir am bedeutendsten
erscheinenden unter den noch lebenden
Romanciers, würde ich ohne Zögern Julien
Green nennen...": so urteilt Peter Hamm
in einer ZEIT-Besprechung.

Green ist zeit seines Lebens viel gereist;
die gewonnenen Eindrücke hat er in seinen
Tagebüchern festgehalten. Aber die Städte,
die Green in einem Zeitraum von mehr als 50
Jahren besucht hat, sind nicht nur reale
Orte, wie sie für jeden von uns zugänglich
sind. Greens Städte besitzen eine zusätz-
liche Dimension; die Einbildungskraft eines
Dichters sorgt für Entdeckungen, die kein
Reiseführer anzubieten hat.

George Sand

George Sands literarisches Talent,
Mut und Engagement bescherten ihr
Freundschaften mit den wichtigsten
Geistern der Epoche, Künstlern,
Schriftstellern, Essayisten. In George
Sand fanden Geist, Schönheit und
Mut eine für ihre Zeitgenossen faszi-
nierende Synthese.

André Maurois:
Das Leben
der George Sand

dtv/List

André Maurois
wollte, wie er
selbst sagt, dem
Genie Anerken-
nung verschaffen
und George Sand
den Ehrenplatz
in der Geschichte
der Literatur
zuweisen, der ihr
zusteht. Über sein
Buch schrieb die
›Frankfurter Allge-
meine Zeitung‹:
»…immer noch die
beste der zahl-
reichen Sand-Bio-
graphien, die in
den letzten Jahren
besonders in Eng-
land und den Ver-
einigten Staaten
geschrieben wur-
den.«

dtv 10439

Horst Krüger
im dtv

Foto: Isolde Ohlbaum

Ostwest-Passagen

Horst Krügers literarisch-politische
Reise-Essays sind nicht deshalb so
brillant und außergewöhnlich, weil
er so außergewöhnliche Orte besucht, sondern weil er sie anders
sieht. Das Ergebnis sind gelungene
Porträts von Menschen und Städten, faszinierende Impressionen
und bissige kleine Satiren.
dtv 1562

Poetische Erdkunde
Reise-Erzählungen

Zehn scharfzüngig-anmutige und
engagierte Reisebeschreibungen
über Frankfurt am Main, die Provinz der DDR, Wien, Mainfranken,
Baden, den El Escorial in Spanien,
Ägypten, Washington D.C.,
Peking und Honkong sowie ›Die
Frühlingsreise – Sieben Wetter-
briefe aus Europa‹.
dtv 1675

Spötterdämmerung
Lob- und Klagelieder zur Zeit

Eine Sammlung heiterer, provokan-
ter, aber auch melancholischer
Feuilletons und witziger Satiren, in
denen Horst Krüger von sich und
seinen Reiseerlebnissen berichtet,
Zeiterscheinungen aufs Korn
nimmt, über den Kulturbetrieb
spottet und Schriftstellerkollegen
porträtiert. »Krügers Prosastücke
sind geistvolle Manifeste des gesun-
den Menschenverstands.«
(Walter Hinck in der ›FAZ‹)
dtv 10355

Tiefer deutscher Traum
Reisen in die Vergangenheit

Horst Krüger auf der Suche nach
der deutschen Identität. Ein sinnli-
ches, melancholisches und ehrliches
Buch. »Ich habe es in einem Zug
gelesen, Orte und Menschen neu
entdeckt, den Osten, die Deutschen, auch unsere Geschichte neu
sehen gelernt.«
(Arnulf Baring in ›Die Zeit‹)
dtv 10558

Das zerbrochene Haus
Eine Jugend in Deutschland

Horst Krügers Bilanz seiner Jugend
im nationalsozialistischen Deutschland. Das persönliche Leben im
Alltag und die Politik jener Jahre
sind in diesem Bericht auf unge-
wöhnliche Weise miteinander ver-
knüpft. Ein Bekenntnis und eine
scharfsinnige Analyse des verführ-
ten Kleinbürgertums. Ein »offenes
und aufrichtiges Buch«.
(Marcel Reich-Ranicki)
dtv 10665